The first Hebrew map, an etching by Abraham bar Yacob, originally printed in the
Amsterdam Hagaddah of 1695.

הגדה של פסח

THE PASSOVER HAGGADAH

תרגום אנגלי חדש מאת
פרופ' בצלאל רות

A NEW ENGLISH VERSION BY
PROF. CECIL ROTH

עריכה
ד"ר בנו רותנברג

מבוא
פרופ' מיכאל אבי-יונה

EDITED BY
Dr. BENO ROTHENBERG

INTRODUCTION BY
PROF. MICHAEL AVI-YONAH

Adama Books, New York

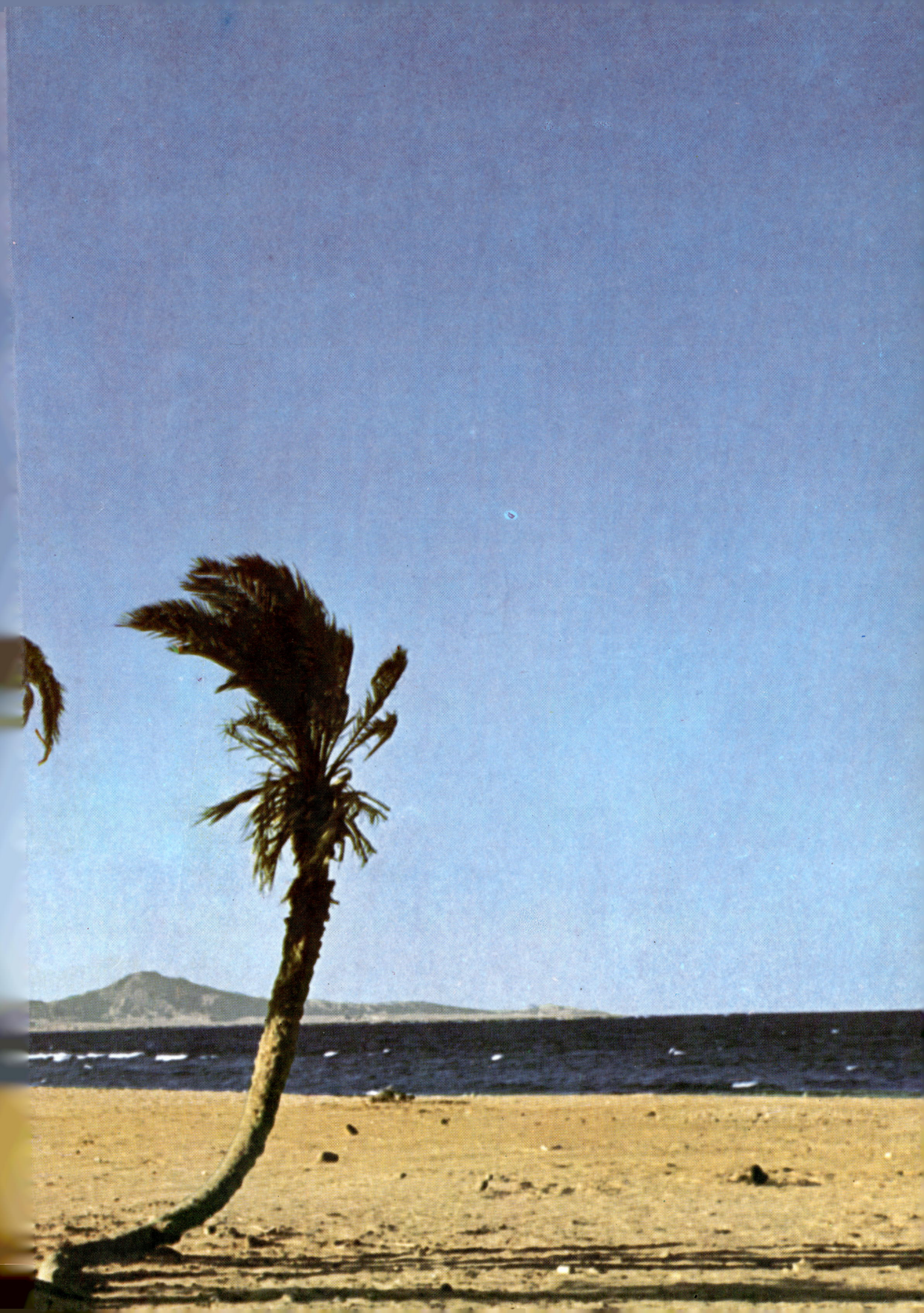

פְּנוּ וּסְעוּ לָכֶם הַמִּדְבָּר דֶּרֶךְ יַם־סוּף (במדבר יד, כה)
ים־סוף בקרבת מיצרי תיראן, בדרומו של מפרץ אילת.

Turn about and journey you to the wilderness
by way of the Red Sea. (Numbers XIV, 25)
*The Red Sea near the Straits of Tiran, at the
southern end of the Gulf of Eilat.*

פרופ. מיכאל אבי־יונה

מאז התגבשה ההגדה של פסח כחבור עצמאי ונפרד מהמחזור הכללי (במאה הי"א לספירה) היא הפכה לאחד הכלים החשובים ביותר לביטוי השאיפות האמנותיות המפעמות בלב היהודי - על־אף כל הפירושים המחמירים לאיסור "אל תעשה לך פסל וכל תמונה וגו'". מהמאה הי"ב כבר נשתמרו הגדות מצוירות; המפורסמת בהן היא ההגדה הנשמרת היום בגנזי עיריית סאראייבו, ואשר מוצאה הוא ספרדי. היקפה הקטן של ההגדה המסורתית, העניין שהיה בה לנשים וילדים (אשר החזותי מדבר ישר אל לבם) והעובדה כי ספר ההגדה שימש בבית, בעת סדר הפסח והסעודה, ולא היה אפוא כפוף לחומרות הנהוגות בספרים שהוכנסו לבית הכנסת - כל הסיבות האלה פעלו להעשרת כתבי־היד של ההגדות בעיטור עשיר ורב־גוני. די להזכיר כאן את כתבי־היד הצרפתיים מהמאה הי"ג, ההגדות היפות מגרמניה בנות המאות י"ד וט"ו (ובעיקר ההגדה של דארמשטאדט וזו השמורה היום בבית־הנכות "בצלאל" בירושלים) וההגדות מהמאות ט"ו וט"ז מאיטליה, עליהן שפעה רוח הרנסאנס. גם עם ריבוי ההגדות המודפסות מהמאה הט"ז ואילך לא פסק עיטור ההגדות בכתבי־יד והוא נמשך עד לסף התקופה החדשה במאה הי"ח. בכל עת ועת משמשים עיטורי ההגדה ביטוי נאמן לרמתה האמנותית של יהדות התקופה, לטעמה ולמידת כשרון אומניה.

את עיטור ההגדה אפשר לחלק לשני סוגים עיקריים, המתאימים לשני התפקידים שלה: החלק המעשי והחלק הסיפורי: היינו, יש כאן תיאורים הקשורים במישרים או בעקיפים עם סדר פסח עצמו, ותיאורים מתולדות התקופה המקראית, ובתקוות המשיחיות. בהתאם למבנה ההגדה, בה קשור סיפור המעשה של יציאת מצרים עם חזון עתיד האומה בארצה הבנוייה, מתפלג הסוג הזה לשניים: אחד - תיאורים הקשורים במישרים עם תולדות האומה מימי האבות ועד למתן התורה (בראשית עד שמות ט"ו). ואחד - תמונות הקשורות בסדר פסח עצמו - מתאור ההכנות, כגון אפיית מצות, ביעור החמץ, וסעודת הסדר לכל פרטיה. תמונות מסוג זה משמשות לנו עדות נאמנה להווי היהודי בימים ההם.

במאה הנוכחית נעשו נסיונות רבים, מוצלחים פחות או יותר, להתאים את עיטורי ההגדה למציאות החדשה, ולתחיית עם ישראל בארץ אבותיו. אמנים רבים עמלו לצייר אגדות; פורסמה אף הגדה אחת המלווה תמונות מימי תולדות הציונות.

ההגדה שלפנינו בנוייה על יסודות חדשים לגמרי: הנוף והעתיקות של ארץ־ישראל ושכנותיה. ההצדקה למעשה נועז זה יש לראות במהפכה הגדולה אשר התחוללה בחיי האומה בדורנו, ואשר עיקרה בחזרה למקורות: מקורות האדמה והמקורות הצפונים בה. אמנם גם הגדה זו אינה מתעלמת מן המסורת: מפת מסעות בני־ישראל, כפי שהיא מודפסת בראשה, מהווה את החוליה המקשרת עם מסורת ההגדות האמשטרדאמיות. יתר על כן: מערכת הכלים המעוטרים, מעשי מלאכת־מחשבת יהודית, השמורה בבית הנכות הלאומי "בצלאל" בירושלים, מחזירה אותנו אל המאות שעברו, בהן חגגו אבותינו את סדר הפסח בגלויות ישראל.

ואולם בשאר התמונות שם העורך את הדגש על סיפור ההגדה כתיאור מעשה היסטורי אמיתי, שהתרחש בתקופה מסויימת ובמקום מסויים. הזמן הוא זמנם של הפרעונים מלכי מצרים, בני השושלת הי"ח והי"ט, אשר חיו במאות הט"ו והי"ד לפה"ס - בשפת הארכיאולוגים: סוף תקופת הברונזה המאוחרת. המקום הוא דלתה של הנילוס, מדברות סיני ומבואות ארץ הקודש ליד ים־סוף ובערבה. כל מי שמעלה לפניו את חזון יציאת מצרים כמאורע היסטורי כביר, כחוויה חד־פעמית בו נצרפה האומה הישראלית לעם אחד, יידע להעריך אל נכון את שיחרורו של ספר ההגדה מהספיחים שנלוו אליו במשך דורות, מחוסרי הכרה היסטורית וידע ארכיאולוגי.

השאיפה לאמת היסטורית מתבטאת בכל עמוד ועמוד בדרך העיטור החדש. לדוגמה: עבודת האלילים מודגמת ע"י תצלומי אלילים כנעניים כפי שהאבות ראום בודאי, במציאות.

בתמשיחים מצריים (מקבר רח'מירה ושרים אחרים) אנו רואים עבדים ממוצא שמי עמלים בעשיית לבנים ובבניין בתי-מקדש. אוצרות היכל אמון מעידים על השלל הרב אותו לקחו אבותינו ממצרים ואשר שימש להקמת המשכן. הפיראמידות, מקדש-הענק באבו סימבל ודמותו של רעמסס הב' ממחישים את עוצמת המלכים לפניהם ניצבו משה ואהרון; תיאורי הגומא ודמות אשה אצילה מצרית מצביעים על האגדה של משה התינוק ובת פרעה. דמות תות-ענך-אמון במרכבתו מסבירה את הסיפור על רכב פרעה ששקע במצולות הים.

במקביל לתמונות היסטוריות אלה באים תיאורי הנוף: גרר (לפי הזהוי החדש) וחברון, קדש-ברנע, מדבר צין, והר סיני המסורתי. מפת יציאת מצרים מסבירה את התיאוריות המדעיות החדישות ביותר (ביחד עם הקו המסורתי) על מסע בני-ישראל - נלווית אליה תמונת בחר ברדוויל, האגם בחופו הצפוני של חצי-האי סיני, שהוא לדעת חוקרים רבים "ים-סוף" האמיתי. דוגמאות של הכתב הקדום, אבי הכתב העברי, אשר נמצאו בסיני, מדגימות את האפשרויות של כתיבת התורה בזמן ובאתר שנקבעו בסיפור המקראי. לא נעדר גם חלקו של החזון, ההולך ומתגשם בימינו: מראות נוף הירדן, הר תבור בפארו, הר הבית וכו'. שחזור בית-המקדש של שלמה, לפי ההנחיות החדישות ביותר, קושר חזון זה עם הממצא הארכיאולוגי.

בדרך זו נרקמה לעינינו הגדת פסח חדשה התואמת את שאיפתנו לאמת היסטורית, ובו בזמן משמשת ביטוי לשיבת ציון בימינו. יש לברך את העורך ד"ר בנו רותנברג, ואת המו"ל ומדפיס, חברת א. לוין-אפשטין בע"מ, על מפעל נאה זה.

INTRODUCTION

by Professor Michael Avi-Yonah

The Passover Haggadah assumed a standard form as an independent work and was separated from the Festival Prayer Book in the 11th Century C.E. Since then it has been an important instrument for expressing the artistic aspirations of the Jews in spite of the prohibitive interpretation of the Commandment: "Thou shalt not make thyself any graven image or any likeness." Illustrated Haggadot dating back to the 12th Century are still in existence. Of them the most famous is the Haggadah in the Archives of the Sarajevo Municipality, which originally came from Spain. The restricted subject-matter of the Haggadah, the interest taken in it by women and children to whom visual material speaks directly, and the fact that the Haggadah is used at home during the Passover Seder and feast and was therefore not subjected to the restrictions applied to books taken to Synagogue — all these facts served to enrich Haggadah manuscripts with ample and manifold illuminations and ornamentation. Here it is sufficient to mention the French manuscripts of the 13th Century, the beautiful German Haggadot of the 14th and 15th Centuries (particularly the Darmstadt Haggadah and the one at the Bezalel Museum in Jerusalem), and the Haggadot of the 15th and 16th Centuries in Italy which were influenced by the Renaissance spirit. Although the number of printed Haggadot has been steadily increasing ever since the 16th Century, the preparation and illumination of manuscript Haggadot continued until the threshold of the new epoch in the 18th Century. And during all this time Haggadah illustrations faithfully expressed the artistic level of contemporary Jewry, its taste and the talent of its artists and craftsmen.

Haggadah illumination and ornamentation can be divided into two main types, suited to its two functions: the practical and the narrative. Here, that is, are descriptions directly or indirectly connected with the Passover Seder itself, and descriptive illustrations of the Bible period and Messianic hopes. As befits the structure of the Haggadah, where the narrative of the departure from Egypt is linked with the vision of the future of the Jewish nation in its own rebuilt land, this type divides into two. One consists of pictures directly connected with Jewish history from the days of the Patriarchs until the Giving of the Torah (Genesis to Exodus XV). The other consists of pictures connected with the Passover Seder itself: Preparations such as Matza baking, elimination of leaven, and the feast of the Seder night in all its details. Pictures of this kind provide us with reliable evidence on all aspects of Jewish life in those days.

In the present century many more or less successful attempts have been made to adapt Haggadah ornamentation to the new situation, and to the revival of the Jewish people in the Land of their Fathers. Many artists have toiled and laboured to depict legends. There is even one Haggadah which shows incidents from Zionist history.

The Haggadah presented here is constructed on an entirely different foundation, namely, the landscape and antiquities of Eretz Israel and her neighbours. Justification for this daring experiment can be found in the vast transformation of the Jewish nation during our own times, which consists chiefly in a return to the sources: The sources of the soil and the sources concealed therein. This Haggadah, of course, does not disregard tradition. The map of the Wanderings of the Children of Israel printed as its end papers links all the Amsterdam Haggadot. In addition the ornamented utensils prepared by Jewish craftsmen and preserved at the Bezalel Jewish National Museum in Jerusalem, take us back to bygone centuries when our forefathers celebrated the Passover Seder in the many Exiles of Israel.

In other respects, however, the editor treats the Haggadah narrative as an account of an actual historic event, which took place at a definite period and in a specific region. The time was that of the Pharaohs who ruled Egypt of the 18th and 19th Dynasties, and lived during the 15th and 14th Centuries B.C.E.; or, in the terminology of the archaeologists, at the end of the late Bronze Age. The region includes the Delta of the Nile, the Wildernesses of Sinai and the approaches to the Holy Land in the neighbourhood of the Red Sea and the Arava Valley. Anybody who envisages the Departure from Egypt as an overwhelming historic event, as a one-time experience which fused the tribes of Israel into a single people, will appreciate the liberation of the Haggadah from all the accretions which have clung to it in the course of generations, on account of a lack of historic awareness and archaeological knowledge.

Aspiration towards historic truth finds expression on every page through the new ornamentation and illustrations. Thus idolatry is exemplified by photographs of Canaanite idols, as the Patriarchs must actually have seen them. Egyptian wall-paintings (from the tombs of Rahmira and other nobles) show slaves of Semitic origin toiling to make bricks and build temples. The treasures of the Temple of Amon are evidence of the ample wealth which our forefathers took out of Egypt, and which serve d for the construction of the Tabernacle. The pyramids, the gigantic temple at Abu Simbel and the figure of Rameses II manifest the might of the monarchs before whom Moses and Aaron appeared. The representations of the rushes and the noble Egyptian woman draw attention to the legend of the infant Moses and the daughter of Pharaoh. The figure of Tutankhamen in his chariot sheds light on the story of Pharaoh's chariots which sank into the deeps of the sea.

Parallel to these historic pictures come the landscapes: Gerar (as most recently identified) and Hebron, Kadesh Barnea, the Wilderness of Sin and the Mount Sinai of tradition. The map of the Exodus from Egypt clarifies recent scholarly theories together with the traditionally accepted line of march of the Children of Israel. It is accompanied by the picture of Bahr Bardawil, the lake on the northern shore of the Sinai Peninsula which many scholars now believe was the true "Yam Suf" or Sea of Reeds. The specimens of the ancient script from which Hebrew writing is derived, and which were found in Sinai, exemplify the possibility of writing the Torah at the time and place stated in the Bible story. Nor is the share of the vision which is now being fulfilled missing in these pages: The scenes along the River Jordan, the magnificent Mount Tabor, the Temple Mount, etc. The reconstruction of Solomon's Temple following the most recent investigations and interpretations links this vision with the archaeological findings.

The new Passover Haggadah being fashioned before our eyes suits our aspirations towards historic truth, while at the same time giving expression to the present Return to Zion. The editor, Dr. Beno Rothenberg, is to be congratulated for this handsome production, together with Messrs. E. Lewin-Epstein Ltd., its printers and publishers.

A Kaara for the Passover Seder. Silver, Vienna 1780.

קערה לסדר של פסח,
כסף, וינה 1780.

סדר הקערה

שׂמים בקערה שלש מצות, ועליהן - זרוע מימין, ביצה מבושלת משׂמאל, מרור באמצע: החרוסת תחת הזרוע מימין והכרפס תחת הביצה משׂמאל, והחזרת שהיא לכריכה באמצע תחת המרור.

THE KAARA OR PASSOVER DISH

Three matzot are placed in the Kaara. Upon them set: A shankbone on the right; a hard-boiled egg on the left; bitter herbs in the middle; haroset below the shankbone on the right; greenstuff below the hard-boiled egg on the left; and the horseradish for sandwiching at the bottom under the bitter herbs.

ביצה
Egg
זרוע
Shankbone
מרור
Bitter Herbs
כרפס
Greenstuff
חרוסת
Haroset
חזרת
Horseradish

סימן לסדר של פסח

ORDER OF THE SEDER SERVICE

SANCTIFICATION	קדש
LAVE THE HANDS	ורחץ
'KARPAS'	כרפס
DIVISION OF THE MIDDLE MAZZAH	יחץ
RECITAL OF THE HAGGADAH	מגיד
LAVING OF THE HANDS	רחצה
BLESSING OVER BREAD	מוציא
BLESSING OVER THE MAZZAH	מצה
BITTER HERB	מרור
MAZZAH WITH BITTER HERB	כורך
THE MEAL	שלחן עורך
EATING OF THE APHIKOMAN	צפון
GRACE	ברך
HALLEL	הלל
ALL ACCEPTED!	נרצה

קדש

SANCTIFICATION

מוזגים כוס ראשונה, מקדשים ושותים רוב הכוס בהסבה.

Pour the first goblet, say the Kiddush and drink most of the contents leaning to the left.

On the Eve of Sabbath בשבת

וַיְהִי־עֶרֶב וַיְהִי־בֹקֶר

יוֹם הַשִּׁשִּׁי וַיְכֻלּוּ הַשָּׁמַיִם וְהָאָרֶץ וְכָל־צְבָאָם: וַיְכַל אֱלֹהִים בַּיּוֹם הַשְּׁבִיעִי מְלַאכְתּוֹ אֲשֶׁר עָשָׂה וַיִּשְׁבֹּת בַּיּוֹם הַשְּׁבִיעִי מִכָּל־מְלַאכְתּוֹ אֲשֶׁר עָשָׂה: וַיְבָרֶךְ אֱלֹהִים אֶת־יוֹם הַשְּׁבִיעִי וַיְקַדֵּשׁ אֹתוֹ כִּי בוֹ שָׁבַת מִכָּל־מְלַאכְתּוֹ אֲשֶׁר־בָּרָא אֱלֹהִים לַעֲשׂוֹת:

Genesis I, 31—II, 3. And it was evening, and it was morning the sixth day. And the heavens and the earth were finished, and all the host of them. And on the seventh day God ended His work which He had made; and He rested on the seventh day from all His work which He had made. And God blessed the seventh day, and sanctified it: because that in it He had rested from all His work which God created and made.

When the Festival starts on a weekday, begin here: כשחל ליל החג בחֹל מתחילים מכאן

סַבְרִי מָרָנָן וְרַבָּנָן וְרַבּוֹתַי:

By permission of the masters and rabbis and gentlemen.

בָּרוּךְ אַתָּה יְיָ אֱלֹהֵינוּ מֶלֶךְ הָעוֹלָם בּוֹרֵא פְּרִי הַגָּפֶן:

בָּרוּךְ אַתָּה יְיָ אֱלֹהֵינוּ מֶלֶךְ הָעוֹלָם אֲשֶׁר בָּחַר בָּנוּ מִכָּל עָם וְרוֹמְמָנוּ מִכָּל לָשׁוֹן וְקִדְּשָׁנוּ בְּמִצְוֹתָיו. וַתִּתֶּן לָנוּ יְיָ אֱלֹהֵינוּ בְּאַהֲבָה (שַׁבָּתוֹת לִמְנוּחָה וּ) מוֹעֲדִים לְשִׂמְחָה חַגִּים וּזְמַנִּים לְשָׂשׂוֹן אֶת־יוֹם (הַשַּׁבָּת הַזֶּה וְאֶת יוֹם) חַג הַמַּצּוֹת הַזֶּה זְמַן חֵרוּתֵנוּ (בְּאַהֲבָה) מִקְרָא־קֹדֶשׁ זֵכֶר לִיצִיאַת מִצְרָיִם. כִּי־בָנוּ בָחַרְתָּ וְאוֹתָנוּ קִדַּשְׁתָּ מִכָּל הָעַמִּים. (וְשַׁבָּת) וּמוֹעֲדֵי קָדְשֶׁךָ (בְּאַהֲבָה וּבְרָצוֹן) בְּשִׂמְחָה וּבְשָׂשׂוֹן הִנְחַלְתָּנוּ. בָּרוּךְ אַתָּה יְיָ מְקַדֵּשׁ (הַשַּׁבָּת וְ) יִשְׂרָאֵל וְהַזְּמַנִּים:

Blessed art Thou, O Lord, our God, King of the Universe, Creator of the Produce of the Vine. Blessed art Thou, O Lord, our God, King of the Universe: who hast chosen us from all peoples, and hast exalted us above all tongues, and hast sanctified us by Thy commandments. And Thou hast given us, O Lord, our God, in love, (Sabbaths for rest and) anniversaries for rejoicing, festivals and seasons for gladness: (this Sabbath day and) this feast-day of Passover, the season of our freedom, (in love,) a holy convocation in memorial of our departure from Egypt. For in us hast Thou chosen, and us hast Thou sanctified above all peoples: and Thou hast given us as heritage Thy holy (Sabbath and) seasons (in love and in favour,) in joy and in gladness. Blessed art Thou, O Lord, who sanctifiest (the Sabbath and) Israel and the festive seasons.

At the Sabbath close continue: במוצאי שבת מקדשים יקנה"ז (ר"ת: יין, קידוש, נר, הבדלה, זמן)

בָּרוּךְ אַתָּה יְיָ אֱלֹהֵינוּ מֶלֶךְ הָעוֹלָם בּוֹרֵא מְאוֹרֵי הָאֵשׁ:

בָּרוּךְ אַתָּה יְיָ אֱלֹהֵינוּ מֶלֶךְ הָעוֹלָם הַמַּבְדִּיל בֵּין קֹדֶשׁ לְחֹל בֵּין אוֹר לְחֹשֶׁךְ בֵּין יִשְׂרָאֵל לָעַמִּים. בֵּין יוֹם הַשְּׁבִיעִי לְשֵׁשֶׁת יְמֵי הַמַּעֲשֶׂה. בֵּין קְדֻשַּׁת שַׁבָּת לִקְדֻשַּׁת יוֹם טוֹב הִבְדַּלְתָּ. וְאֶת יוֹם הַשְּׁבִיעִי מִשֵּׁשֶׁת יְמֵי הַמַּעֲשֶׂה קִדַּשְׁתָּ. הִבְדַּלְתָּ וְקִדַּשְׁתָּ אֶת עַמְּךָ יִשְׂרָאֵל בִּקְדֻשָּׁתֶךָ. בָּרוּךְ אַתָּה יְיָ הַמַּבְדִּיל בֵּין קֹדֶשׁ לְקֹדֶשׁ:

Blessed art thou, O Lord, our God, King of the Universe, Creator of the light of fire. Blessed art Thou, O Lord, our God, King of the Universe, who makest distinction between holy and profane, between light and darkness, between Israel and the nations, between the seventh day and the six days of toil. Thou hast made distinction between the sanctity of the Sabbath and the sanctity of the Festival, and hast sanctified the seventh day above the six days of toil: Thou hast distinguished and sanctified Thy people Israel with Thine own sanctity. Blessed art Thou, O Lord, who makest distinction between holy and holy.

בָּרוּךְ אַתָּה יְיָ אֱלֹהֵינוּ מֶלֶךְ הָעוֹלָם שֶׁהֶחֱיָנוּ וְקִיְּמָנוּ וְהִגִּיעָנוּ לַזְּמַן הַזֶּה:

Blessed art Thou, O Lord, our God, King of the Universe, who hast preserved us and sustained us and enabled us to reach this season.

ורחץ

LAVE THE HANDS

בעל הבית נוטל ידים ואינו מברך
"על נטילת ידים".

The celebrant washes his hands but does not say the customary blessing.

כרפס

'KARPAS'

לוקחים כרפס, טובלים במי מלח
ומברכים.

Take greenstuff, dip it in salt water and say the following blessing:

בָּרוּךְ אַתָּה יְיָ אֱלֹהֵינוּ מֶלֶךְ הָעוֹלָם בּוֹרֵא פְּרִי הָאֲדָמָה:

Blessed art Thou, O Lord, our God, King of the Universe, Creator of the Produce of the Earth.

יחץ

DIVISION OF THE MIDDLE MAZZAH

בעל הבית יבצע את המצה האמצעית
לשתַים ואת המחצית האחת יטמין
לאפיקומן.

The celebrant breaks the middle mazzah into two and hides one half to serve as the Aphikoman

התימנים וקצת עדות המזרח פותחים בִּבְהִילוּ יָצָאנוּ מִמִּצְרָיִם:

The Yemenites and a few other Oriental Communities say:

Urgently did we go forth from Egypt

Special Laver for washing the hands during the Passover Seder. East Europe, 19th century.

כד לנטילת ידים, מיוחד
לסדר של פסח. מזרח
אירופה, המאה הי"ט.

מגיד

Uncover the mazzot, raise the kaara and say: מגלים את המצות, מגביהים את הקערה ואומרים:

RECITAL OF THE HAGGADAH

הָא לַחְמָא עַנְיָא דִי אֲכָלוּ אֲבָהָתָנָא בְּאַרְעָא דְמִצְרָיִם. כָּל דִכְפִין יֵיתֵי וְיֵכֹל. כָּל דִצְרִיךְ יֵיתֵי וְיִפְסַח. הָשַׁתָּא הָכָא. לְשָׁנָה הַבָּאָה בְּאַרְעָא דְיִשְׂרָאֵל. הָשַׁתָּא עַבְדֵי. לְשָׁנָה הַבָּאָה בְּנֵי חוֹרִין:

This is the bread of affliction that our fathers ate in the land of Egypt. All who are hungered — let them come and eat: all who are needy — let them come and celebrate the Passover. Now we are here, but next year may we be in the land of Israel! Now we are slaves, but next year may we be free men!

Put the kaara back   מעמידים את הקערה,

Porcelain Kaarot for the Passover Seder. Hungary, 19th century.   קערות חרסינה לסדר של פסח. הונגריה, המאה הי״ט.

14

מוזגים כוס שניה
והבן שואל:

Pour the second goblet.
The son asks:

מַה נִּשְׁתַּנָּה

הַלַּיְלָה הַזֶּה מִכָּל־הַלֵּילוֹת.
שֶׁבְּכָל־הַלֵּילוֹת אָנוּ אוֹכְלִין חָמֵץ וּמַצָּה.
הַלַּיְלָה הַזֶּה כֻּלּוֹ מַצָּה:
שֶׁבְּכָל־הַלֵּילוֹת אָנוּ אוֹכְלִין שְׁאָר יְרָקוֹת.
הַלַּיְלָה הַזֶּה מָרוֹר:
שֶׁבְּכָל־הַלֵּילוֹת אֵין אָנוּ מַטְבִּילִין אֲפִלּוּ פַּעַם אֶחָת.
הַלַּיְלָה הַזֶּה שְׁתֵּי פְעָמִים:
שֶׁבְּכָל־הַלֵּילוֹת אָנוּ אוֹכְלִין בֵּין יוֹשְׁבִין וּבֵין מְסֻבִּין.
הַלַּיְלָה הַזֶּה כֻּלָּנוּ מְסֻבִּין:

Wherein is this night different from all other nights?

For, on all other nights, we may eat either leavened bread or unleavened, but on this night only unleavened:

on all other nights we may eat other kinds of herb, but on this night only bitter herbs:

on all other nights we need not dip our herbs even once, but on this night we do so twice:

on all other nights we eat either sitting upright or reclining, but on this night we all recline.

מגלים את המצות ואומרים:

Uncover the mazzot and say:

עֲבָדִים הָיִינוּ לְפַרְעֹה בְּמִצְרָיִם וַיּוֹצִיאֵנוּ יְיָ אֱלֹהֵינוּ מִשָּׁם בְּיָד חֲזָקָה וּבִזְרוֹעַ נְטוּיָה. וְאִלּוּ לֹא הוֹצִיא הַקָּדוֹשׁ בָּרוּךְ הוּא אֶת אֲבוֹתֵינוּ מִמִּצְרַיִם הֲרֵי אָנוּ וּבָנֵינוּ וּבְנֵי בָנֵינוּ מְשֻׁעְבָּדִים הָיִינוּ לְפַרְעֹה בְּמִצְרָיִם. וַאֲפִלּוּ כֻּלָּנוּ חֲכָמִים כֻּלָּנוּ נְבוֹנִים כֻּלָּנוּ זְקֵנִים כֻּלָּנוּ יוֹדְעִים אֶת הַתּוֹרָה. מִצְוָה עָלֵינוּ לְסַפֵּר בִּיצִיאַת מִצְרָיִם. וְכָל הַמַּרְבֶּה לְסַפֵּר בִּיצִיאַת מִצְרַיִם הֲרֵי זֶה מְשֻׁבָּח:

15

'We were Pharaoh's bondmen in Egypt: and the Lord our God brought us out therefrom with a mighty hand' (*Deut.* VI, 21) and an outstretched arm. Now, if the Holy One, blessed be He, had not brought our fathers forth from Egypt, then we, and our children, and our children's children, would be servants to Pharaoh in Egypt. Therefore, even were we all wise, all men of understanding, all advanced in years, and all endowed with knowledge of the Torah, it would nevertheless be our duty to tell the story of the coming forth from Egypt: and the more a man tells of the coming forth from Egypt, the more is he to be praised.

מַעֲשֶׂה בְּרַבִּי אֱלִיעֶזֶר וְרַבִּי יְהוֹשֻׁעַ וְרַבִּי אֶלְעָזָר בֶּן עֲזַרְיָה וְרַבִּי עֲקִיבָא וְרַבִּי טַרְפוֹן שֶׁהָיוּ מְסֻבִּין בִּבְנֵי בְרַק וְהָיוּ מְסַפְּרִים בִּיצִיאַת מִצְרַיִם כָּל אוֹתוֹ הַלַּיְלָה עַד שֶׁבָּאוּ תַלְמִידֵיהֶם וְאָמְרוּ לָהֶם רַבּוֹתֵינוּ הִגִּיעַ זְמַן קְרִיאַת שְׁמַע שֶׁל שַׁחֲרִית:

It is told of Rabbi Eliezer, Rabbi Joshua, Rabbi Eleazar, son of Azariah, Rabbi Akiba, and Rabbi Tarphon, that they were once reclining together at Bene Berak, and they were recounting the story of the coming forth from Egypt all that night, until their pupils came and said to them: 'Our Masters! The time has come for reciting the morning prayer.'

אָמַר רַבִּי אֶלְעָזָר בֶּן עֲזַרְיָה. הֲרֵי אֲנִי כְּבֶן שִׁבְעִים שָׁנָה. וְלֹא זָכִיתִי שֶׁתֵּאָמֵר יְצִיאַת מִצְרַיִם בַּלֵּילוֹת עַד שֶׁדְּרָשָׁהּ בֶּן זוֹמָא. שֶׁנֶּאֱמַר לְמַעַן תִּזְכֹּר אֶת יוֹם צֵאתְךָ מֵאֶרֶץ מִצְרַיִם כֹּל יְמֵי חַיֶּיךָ. יְמֵי חַיֶּיךָ הַיָּמִים. כֹּל יְמֵי חַיֶּיךָ הַלֵּילוֹת. וַחֲכָמִים אוֹמְרִים. יְמֵי חַיֶּיךָ הָעוֹלָם הַזֶּה. כֹּל יְמֵי חַיֶּיךָ לְהָבִיא לִימוֹת הַמָּשִׁיחַ:

R. Eleazar, b. Azariah, said: 'Now I am as seventy years of age, yet I did not understand why the coming forth from Egypt should be told at night until Ben Zoma explained it: It is said, "That thou mayest remember the day when thou camest forth from the land of Egypt all the days of thy life" (*Deut.* XVI, 3). "The days of thy life" would imply the days only: "all the days of thy life" includes the nights also. The sages, however, expound it thus: "The days of thy life" refers to this world: "all the days of thy life" is to include the days of the Messiah.'

בָּרוּךְ הַמָּקוֹם בָּרוּךְ הוּא. בָּרוּךְ שֶׁנָּתַן תּוֹרָה לְעַמּוֹ יִשְׂרָאֵל. בָּרוּךְ הוּא: כְּנֶגֶד אַרְבָּעָה בָנִים דִּבְּרָה תוֹרָה. אֶחָד חָכָם. וְאֶחָד רָשָׁע. וְאֶחָד תָּם. וְאֶחָד שֶׁאֵינוֹ יוֹדֵעַ לִשְׁאוֹל:

Blessed be the All-Present, blessed be He: Blessed be He who gave the Torah to His people Israel, blessed be He. With reference to four sons doth the Torah speak: one wise, one wicked, one simple, and one who does not know how to ask.

Egypt the House of Bondage.
Pyramids in the Land of Goshen.
Middle of 3rd Millennium B.C.E.

מצרים - בית עבדים. פיראמידות
בארץ גושן,
אמצע האלף הג' לפה"ס.

חָכָם מַה הוּא אוֹמֵר

מָה הָעֵדֹת וְהַחֻקִּים וְהַמִּשְׁפָּטִים אֲשֶׁר צִוָּה יְיָ אֱלֹהֵינוּ אֶתְכֶם: וְאַף אַתָּה אֱמָר־לוֹ כְּהִלְכוֹת הַפֶּסַח אֵין מַפְטִירִין אַחַר הַפֶּסַח אֲפִיקוֹמָן:

The Wise Son — what does he say? 'What mean the testimonies and the statutes and the judgements which the Lord our God hath commanded you?' (*Deut.* VI, 20) Thou must similarly expound to him the laws of the Passover, even that we do not dismiss the company after the Passover Meal for entertainment.

רָשָׁע מַה הוּא אוֹמֵר

מָה הָעֲבֹדָה הַזֹּאת לָכֶם: לָכֶם וְלֹא לוֹ. וּלְפִי שֶׁהוֹצִיא אֶת־עַצְמוֹ מִן הַכְּלָל וְכָפַר בָּעִקָּר. אַף אַתָּה הַקְהֵה אֶת שִׁנָּיו וֶאֱמָר־לוֹ בַּעֲבוּר זֶה עָשָׂה יְיָ לִי בְּצֵאתִי מִמִּצְרָיִם. לִי וְלֹא לוֹ. אִלּוּ הָיָה שָׁם לֹא הָיָה נִגְאָל:

The Wicked Son — what does he say? 'What mean ye by this service?' (*Ex.* XII, 26). 'Ye,' he insinuates, not himself. Since he has excluded himself from the generality, he has denied a cardinal principle. Therefore shouldst thou also distress him, saying, 'It is because of that which the Lord did for me when I came forth from Egypt' (*Ex.* XIII, 8): for me, not for him — for if he had been there, he would not have been redeemed!

תָּם מַה הוּא אוֹמֵר

מַה־זֹּאת. וְאָמַרְתָּ אֵלָיו בְּחֹזֶק יָד הוֹצִיאָנוּ יְיָ מִמִּצְרַיִם מִבֵּית עֲבָדִים:

The Simple Son — what does he say? 'What is this?' (*Ex.* XIII, 14). And thou shalt say unto him, 'By strength of hand the Lord brought us out of the Land of Egypt, from the house of bondage.' (*Ibid.*)

וְשֶׁאֵינוֹ יוֹדֵעַ לִשְׁאוֹל

אַתְּ פְּתַח לוֹ. שֶׁנֶּאֱמַר וְהִגַּדְתָּ לְבִנְךָ בַּיּוֹם הַהוּא לֵאמֹר בַּעֲבוּר זֶה עָשָׂה יְיָ לִי בְּצֵאתִי מִמִּצְרָיִם:

As for him who does not know how to ask, thou shalt thyself begin for him, as it is said: 'And thou shalt tell thy son in that day, saying, It is because of that which the Lord did for me when I came forth out of Egypt.' (*Ex.* XIII, 8)

יָכוֹל מֵרֹאשׁ חֹדֶשׁ. תַּלְמוּד לוֹמַר בַּיּוֹם הַהוּא. אִי בַּיּוֹם הַהוּא יָכוֹל מִבְּעוֹד יוֹם. תַּלְמוּד לוֹמַר בַּעֲבוּר זֶה. בַּעֲבוּר זֶה לֹא אָמַרְתִּי אֶלָּא בְּשָׁעָה שֶׁיֵּשׁ מַצָּה וּמָרוֹר מֻנָּחִים לְפָנֶיךָ:

It might be thought that this exposition should begin from the New Moon of Nisan. The text says, however, 'in that day.' If it is to be 'in that day,' it might be thought that the exposition should begin in the daytime; but the text says 'because of that.' 'Because of that' I would not have said, except with reference to the time when unleavened bread and bitter herb are laid before thee.

מִתְּחִלָּה עוֹבְדֵי עֲבוֹדָה זָרָה

הָיוּ אֲבוֹתֵינוּ וְעַכְשָׁו קֵרְבָנוּ הַמָּקוֹם לַעֲבוֹדָתוֹ. שֶׁנֶּאֱמַר וַיֹּאמֶר יְהוֹשֻׁעַ אֶל־כָּל־הָעָם כֹּה־אָמַר יְיָ אֱלֹהֵי יִשְׂרָאֵל בְּעֵבֶר הַנָּהָר יָשְׁבוּ אֲבוֹתֵיכֶם מֵעוֹלָם תֶּרַח אֲבִי אַבְרָהָם וַאֲבִי נָחוֹר וַיַּעַבְדוּ אֱלֹהִים אֲחֵרִים:

In the beginning, our Fathers were worshippers of strange gods: but now the All-Present has brought us to His service, as it is said: 'And Joshua said unto all the people, Thus saith the Lord God of Israel, Your fathers dwelt of old time beyond the River, even Terah, the father of Abraham and father of Nahor: and they served other gods.

וָאֶקַּח אֶת־אֲבִיכֶם אֶת־אַבְרָהָם

מֵעֵבֶר הַנָּהָר וָאוֹלֵךְ אוֹתוֹ בְּכָל־אֶרֶץ כְּנָעַן וָאַרְבֶּה אֶת־זַרְעוֹ וָאֶתֶּן־לוֹ אֶת־יִצְחָק: וָאֶתֵּן לְיִצְחָק אֶת־יַעֲקֹב וְאֶת־עֵשָׂו וָאֶתֵּן לְעֵשָׂו אֶת־הַר שֵׂעִיר לָרֶשֶׁת אוֹתוֹ וְיַעֲקֹב וּבָנָיו יָרְדוּ מִצְרָיִם:

And I took your father Abraham from beyond the River, and led him throughout all the land of Canaan, and multiplied his seed, and gave him Isaac. And I gave unto Isaac, Jacob and Esau; and I gave unto Esau, Mount Seir, to possess it; and Jacob and his children went down into Egypt.'

בָּרוּךְ שׁוֹמֵר הַבְטָחָתוֹ לְיִשְׂרָאֵל

בָּרוּךְ הוּא. שֶׁהַקָּדוֹשׁ בָּרוּךְ הוּא חִשַּׁב אֶת הַקֵּץ לַעֲשׂוֹת כְּמָה שֶׁאָמַר לְאַבְרָהָם אָבִינוּ בִּבְרִית בֵּין הַבְּתָרִים שֶׁנֶּאֱמַר וַיֹּאמֶר לְאַבְרָם יָדֹעַ תֵּדַע כִּי גֵר יִהְיֶה זַרְעֲךָ בְּאֶרֶץ לֹא לָהֶם וַעֲבָדוּם וְעִנּוּ אוֹתָם אַרְבַּע מֵאוֹת שָׁנָה: וְגַם אֶת הַגּוֹי אֲשֶׁר יַעֲבֹדוּ דָּן אָנֹכִי וְאַחֲרֵי כֵן יֵצְאוּ בִּרְכֻשׁ גָּדוֹל:

Blessed be He who observes His promise to Israel: blessed be He! For the Holy One, blessed be He, determined the end of the bondage in order to fulfil that which He had said to Abraham our father in the Pact between the Portions, as it is said: 'And He said unto Abram, Know thou of a surety that thy seed shall be a stranger in a land that is not theirs, and shall serve them, and they shall afflict them, four hundred years; and also that nation, whom they shall serve, will I judge: and afterward shall they come out with great substance.'

At first our forefathers worshipped strange gods.

Earthenware teraphim used in idol-worship, found in large numbers during archaeological excavations in the cities of ancient Canaan.
In the picture: Figurines found in ancient Lachish.

מִתְּחִלָּה עוֹבְדֵי עֲבוֹדָה זָרָה הָיוּ

דְּפִים עֲשׂוּיֵי חֶרֶס, שֶׁשִּׁמְּשׁוּ לַעֲבוֹדָה זָרָה. נִמְצְאוּ לָרֹב בַּחֲפִירוֹת הָאַרְכֵיאוֹלוֹגִיּוֹת בְּעָרֵי כְּנַעַן הַקְּדוּמוֹת. בַּתְּמוּנָה: פְּסִילִים שֶׁנִּתְגַּלּוּ בְּלָכִישׁ הַקְּדוּמָה.

וַיָּשָׁב אַבְרָהָם אֶל־נְעָרָיו וַיָּקֻמוּ וַיֵּלְכוּ יַחְדָּו אֶל־בְּאֵר שָׁבַע וַיֵּשֶׁב אַבְרָהָם בִּבְאֵר שָׁבַע: (בראשית כב, יט)

באר מים מימי אברהם באזור באר שבע. הבאר תוקנה בתקופה האחרונה ועדיין משמשת לנוודי המדבר.

Then Abraham went back to his young men, and they rose and went together to Beersheba; and Abraham dwelt in Beersheba. (*Genesis* XXII, 19)
A well dug in the times of Abraham not far from Beersheba. It has recently been repaired and is still used by the nomads of the desert.

וַיִּשָּׂא אַבְרָהָם אֶת־עֵינָיו וַיַּרְא וְהִנֵּה־אַיִל אַחַר נֶאֱחַז בַּסְּבַךְ בְּקַרְנָיו (בראשית כב, יג)

צלמית מאור כשדים, מהאלף השלישי לפה"ס.

Then Abraham raised his eyes and saw; and lo, a certain ram was caught in the thicket by its horns. (*Genesis* XXII, 13)
Statuette from Ur. Third Millennium B.C.E.

וַיֵּרֶד מִצְרַיְמָה   ציור־קיר שנתגלה בקבר מצרי בבני־חסן. צויר בימי אברהם אבינו. שיירה של שמיים בבואה מצריימה.

And he went down to Egypt.
Wall painting found in an ancient Egyptian tomb at Beni-Hassan from the times of Abraham. A caravan of Semites arriving in Egypt.

מכסים את המצות מרימים
את הכוס ואומרים:

וְהִיא שֶׁעָמְדָה לַאֲבוֹתֵינוּ וְלָנוּ. שֶׁלֹּא אֶחָד בִּלְבַד עָמַד עָלֵינוּ לְכַלּוֹתֵנוּ אֶלָּא שֶׁבְּכָל דּוֹר וָדוֹר עוֹמְדִים עָלֵינוּ לְכַלּוֹתֵנוּ. וְהַקָּדוֹשׁ בָּרוּךְ הוּא מַצִּילֵנוּ מִיָּדָם:

Cover the mazzot, raise the goblet and say:

This faithfulness it is that has stood by our fathers and us. For not one man only has risen up against us to destroy us, but in every generation do men rise up against us to destroy us: but the Holy One, blessed be He, delivers us from their hands.

Put down the goblet and uncover the mazzot.

מעמידים את הכוס ומגלים את המצות.

צֵא וּלְמַד מַה בִּקֵּשׁ לָבָן הָאֲרַמִּי לַעֲשׂוֹת לְיַעֲקֹב אָבִינוּ. שֶׁפַּרְעֹה לֹא גָזַר אֶלָּא עַל הַזְּכָרִים וְלָבָן בִּקֵּשׁ לַעֲקוֹר אֶת־הַכֹּל. שֶׁנֶּאֱמַר אֲרַמִּי אֹבֵד אָבִי וַיֵּרֶד מִצְרַיְמָה וַיָּגָר שָׁם בִּמְתֵי מְעָט וַיְהִי־שָׁם לְגוֹי גָּדוֹל עָצוּם וָרָב:

Come and learn what Laban the Syrian sought to do to Jacob our Father. For Pharaoh issued his edict only against the males, but Laban sought to uproot all, as it is said: 'A Syrian would have destroyed my Father, and he went down to Egypt and sojourned there, few in number; and he became there a nation, great, mighty and populous.' (*Deut*. XXVI, 5, alternative rendering.)

וַיֵּרֶד מִצְרַיְמָה. אָנוּס עַל־פִּי הַדִּבּוּר. וַיָּגָר שָׁם: מְלַמֵּד שֶׁלֹּא יָרַד יַעֲקֹב אָבִינוּ לְהִשְׁתַּקֵּעַ בְּמִצְרַיִם אֶלָּא לָגוּר שָׁם. שֶׁנֶּאֱמַר וַיֹּאמְרוּ אֶל פַּרְעֹה לָגוּר בָּאָרֶץ בָּאנוּ כִּי אֵין מִרְעֶה לַצֹּאן אֲשֶׁר לַעֲבָדֶיךָ כִּי כָבֵד הָרָעָב בְּאֶרֶץ כְּנָעַן וְעַתָּה יֵשְׁבוּ־נָא עֲבָדֶיךָ בְּאֶרֶץ גֹּשֶׁן:

And he went down into Egypt — compelled by the Divine decree. And sojourned there — teaching that he did not go to settle, but to sojourn for a space, as it is said: 'They said moreover unto Pharaoh, For to sojourn in the land are we come, for thy servants have no pasture for their flocks, for the famine is sore in the land of Canaan: now therefore, we pray thee, let thy servants dwell in the land of Goshen.' (*Gen*. XLVII, 4)

וַיִּסַּע מִשָּׁם אַבְרָהָם אַרְצָה הַנֶּגֶב... וַיָּגָר בִּגְרָר (בראשית כ, א)

תל אבו הרירה, על גדות נחל גרר בנגב הצפוני. תל זה הוא כנראה מקומה של גרר המקראית.

And Abraham journeyed from there to the Land of the Negev... and he sojourned in Gerar. (*Genesis* XX, 1) *Tel Abu Hareira above Wadi Gerar in the Northern Negev. This tel (mound over a once-inhabited spot) would appear to be the site of the Biblical Gerar.*

And thereafter Abraham buried Sarah his wife at the cave of the Machpela field facing Mamre, which is Hebron in the Land of Canaan. (*Genesis* XXIII, 19)
The first photograph of Hebron, 19th century.

וְאַחֲרֵי־כֵן קָבַר אַבְרָהָם אֶת־שָׂרָה אִשְׁתּוֹ אֶל־מְעָרַת שְׂדֵה הַמַּכְפֵּלָה
עַל־פְּנֵי מַמְרֵא הִוא חֶבְרוֹן בְּאֶרֶץ כְּנָעַן (בראשית כג, יט)
צילום ראשון של חברון, מהמאה הי״ט.

בִּמְתֵי מְעָט. כְּמָה שֶׁנֶּאֱמַר בְּשִׁבְעִים נֶפֶשׁ יָרְדוּ אֲבֹתֶיךָ מִצְרָיְמָה וְעַתָּה שָׂמְךָ יְיָ אֱלֹהֶיךָ כְּכוֹכְבֵי הַשָּׁמַיִם לָרֹב:
וַיְהִי שָׁם לְגוֹי. מְלַמֵּד שֶׁהָיוּ יִשְׂרָאֵל מְצֻיָּנִים שָׁם: גָּדוֹל עָצוּם. כְּמָה שֶׁנֶּאֱמַר וּבְנֵי יִשְׂרָאֵל פָּרוּ וַיִּשְׁרְצוּ וַיִּרְבּוּ
וַיַּעַצְמוּ בִּמְאֹד מְאֹד וַתִּמָּלֵא הָאָרֶץ אֹתָם: וָרָב. כְּמָה שֶׁנֶּאֱמַר רְבָבָה כְּצֶמַח הַשָּׂדֶה נְתַתִּיךְ וַתִּרְבִּי וַתִּגְדְּלִי
וַתָּבוֹאִי בַּעֲדִי עֲדָיִים שָׁדַיִם נָכֹנוּ וּשְׂעָרֵךְ צִמֵּחַ וְאַתְּ עֵרֹם וְעֶרְיָה:

Few in number, as it is said: 'Thy fathers went down into Egypt with three-score and ten persons; and now the Lord thy God hath made thee as the stars of heaven for multitude' (*Deut*. X, 22). And he became there a nation: teaching that Israel was distinguished there. Great, mighty: as it is said: 'And the children of Israel were fruitful, and increased abundantly and multiplied, and waxed exceedingly mighty; and the land was filled with them.' (*Ex*. I, 7)
And populous, as it is said: 'I caused thee to multiply as the bud of the field, and thou didst increase and wax great, and thou attainedst to excellent ornaments; thy breasts were fashioned, and thine hair was grown: yet thou wast naked and bare.' (*Ezek*. XVI, 7)

וַיָּרֵעוּ אֹתָנוּ הַמִּצְרִים וַיְעַנּוּנוּ וַיִּתְּנוּ עָלֵינוּ עֲבֹדָה קָשָׁה: וַיָּרֵעוּ אֹתָנוּ הַמִּצְרִים. כְּמָה שֶׁנֶּאֱמַר
הָבָה נִתְחַכְּמָה לוֹ פֶּן־יִרְבֶּה וְהָיָה כִּי־תִקְרֶאנָה מִלְחָמָה וְנוֹסַף גַּם־הוּא עַל שֹׂנְאֵינוּ וְנִלְחַם־
בָּנוּ וְעָלָה מִן־הָאָרֶץ:

And the Egyptians evil entreated us, and afflicted us, and laid upon us hard bondage. (*Deut*. XXVI, 6)
And the Egyptians evil entreated us, as it is said, 'Come on, let us deal wisely with them; lest they multiply, and it come to pass, that, when there falleth out any war, they also join themselves unto our enemies, and fight against us, and get them up out of the land.' (*Ex*. I, 10)

וַיְעַנּוּנוּ. כְּמָה שֶׁנֶּאֱמַר וַיָּשִׂימוּ עָלָיו שָׂרֵי מִסִּים לְמַעַן עַנֹּתוֹ בְּסִבְלֹתָם וַיִּבֶן עָרֵי מִסְכְּנוֹת לְפַרְעֹה אֶת־פִּתֹם וְאֶת־רַעַמְסֵס: וַיִּתְּנוּ עָלֵינוּ עֲבֹדָה קָשָׁה. כְּמָה שֶׁנֶּאֱמַר וַיַּעֲבִדוּ מִצְרַיִם אֶת בְּנֵי יִשְׂרָאֵל בְּפָרֶךְ:

And afflicted us, as it is said, 'Therefore they did set over them taskmasters to afflict them with their burdens. And they built for Pharaoh treasure cities, Pithom and Rameses.' (*Ex.* I, 11)
And laid upon us hard bondage, as it is said: 'And the Egyptians made the children of Israel to serve with rigour.' (*Ex.* I, 13)

וַנִּצְעַק אֶל־יְיָ אֱלֹהֵי אֲבֹתֵינוּ וַיִּשְׁמַע יְיָ אֶת־קֹלֵנוּ וַיַּרְא אֶת־עָנְיֵנוּ וְאֶת־עֲמָלֵנוּ וְאֶת־לַחֲצֵנוּ:
וַנִּצְעַק אֶל יְיָ אֱלֹהֵי אֲבֹתֵינוּ. כְּמָה שֶׁנֶּאֱמַר וַיְהִי בַיָּמִים הָרַבִּים הָהֵם וַיָּמָת מֶלֶךְ מִצְרַיִם וַיֵּאָנְחוּ בְנֵי־יִשְׂרָאֵל מִן־הָעֲבֹדָה וַיִּזְעָקוּ וַתַּעַל שַׁוְעָתָם אֶל הָאֱלֹהִים מִן הָעֲבֹדָה: וַיִּשְׁמַע יְיָ אֶת־קֹלֵנוּ. כְּמָה שֶׁנֶּאֱמַר וַיִּשְׁמַע אֱלֹהִים אֶת־נַאֲקָתָם וַיִּזְכֹּר אֱלֹהִים אֶת־בְּרִיתוֹ אֶת־אַבְרָהָם אֶת־יִצְחָק וְאֶת־יַעֲקֹב:

And we cried unto the Lord the God of our fathers and the Lord heard our voice and saw our affliction and our toil and our oppression. (*Deut.* XXVI, 7)
And we cried unto the Lord the God of our fathers, as it is said: 'And it came to pass in the course of those many days, that the king of Egypt died: and the children of Israel sighed by reason of their bondage, and they cried, and their cry came up unto God by reason of their bondage.' (*Ex.* II, 23)
And the Lord heard our voice, as it is said: 'And God heard their groaning, and God remembered His covenant with Abraham, with Isaac, and with Jacob.' (*Ex.* II, 24)

וַיִּצְבֹּר יוֹסֵף בָּר כְּחוֹל הַיָּם הַרְבֵּה מְאֹד עַד כִּי־חָדַל לִסְפֹּר כִּי־אֵין מִסְפָּר
(בראשית מא, מט)

ציור־קיר מצרי מימי יוסף, מקברו של נפ־רומפט. אגירה של מזון בהשגחתו של נוגש.

Then Joseph amassed corn like the sea sand, very much indeed; until he ceased counting because it was beyond counting. (*Genesis* XLI, 49)
Egyptian wallpainting of the times of Joseph. From the tomb of Neferrompet. Storing food under the supervision of a taskmaster.

וַיָּבֹא מֹשֶׁה וְאַהֲרֹן אֶל־פַּרְעֹה (שמות ז, י)
השער לארמונו של פרעה רעמסס הב׳ בלוכסור.

And Moses and Aaron came to Pharaoh. (*Exodus* VII, 10)
The gateway to the palace of Rameses II at Luxor.

וַיַּרְא אֶת עָנְיֵנוּ. זוֹ פְּרִישׁוּת דֶּרֶךְ אֶרֶץ. כְּמָה שֶׁנֶּאֱמַר וַיַּרְא אֱלֹהִים אֶת־בְּנֵי יִשְׂרָאֵל וַיֵּדַע אֱלֹהִים: וְאֶת־עֲמָלֵנוּ. אֵלּוּ הַבָּנִים. כְּמָה שֶׁנֶּאֱמַר כָּל־הַבֵּן הַיִּלּוֹד הַיְאֹרָה תַּשְׁלִיכֻהוּ וְכָל־הַבַּת תְּחַיּוּן: וְאֶת־לַחֲצֵנוּ. זֶה הַדְּחַק. כְּמָה שֶׁנֶּאֱמַר וְגַם־רָאִיתִי אֶת־הַלַּחַץ אֲשֶׁר מִצְרַיִם לֹחֲצִים אֹתָם:

And saw our affliction: this refers to the separation of man from wife, as it is said: ‘And God saw the children of Israel, and God knew.’ (*Ex.* II, 25)

And our toil: this refers to the sons, as it is said: ‘Every son that is born ye shall cast into the river, and every daughter ye shall save alive.’ (*Ex.* I, 22)

And our oppression: this refers to the vexation, as it is said, ‘Moreover, I have seen the oppression wherewith the Egyptians oppress them.’ (*Ex* III, 9)

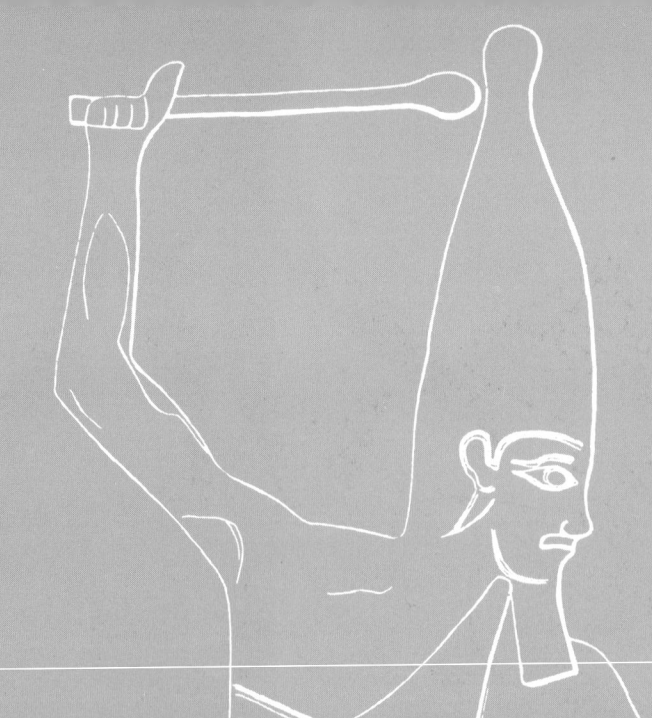

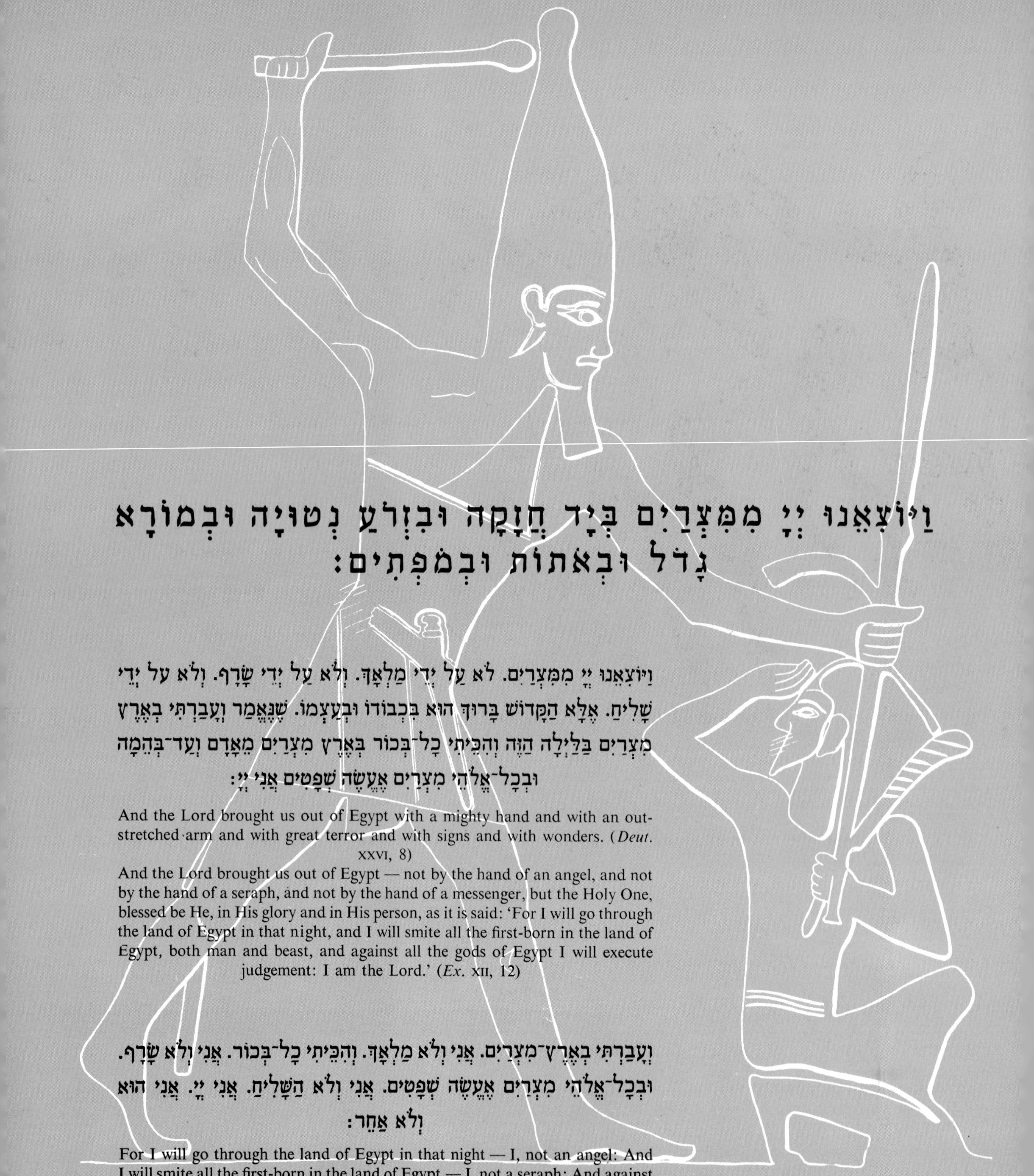

וַיּוֹצִאֵנוּ יְיָ מִמִּצְרַיִם בְּיָד חֲזָקָה וּבִזְרֹעַ נְטוּיָה וּבְמוֹרָא גָּדֹל וּבְאֹתוֹת וּבְמֹפְתִים:

וַיּוֹצִאֵנוּ יְיָ מִמִּצְרַיִם. לֹא עַל יְדֵי מַלְאָךְ. וְלֹא עַל יְדֵי שָׂרָף. וְלֹא עַל יְדֵי שָׁלִיחַ. אֶלָּא הַקָּדוֹשׁ בָּרוּךְ הוּא בִּכְבוֹדוֹ וּבְעַצְמוֹ. שֶׁנֶּאֱמַר וְעָבַרְתִּי בְאֶרֶץ מִצְרַיִם בַּלַּיְלָה הַזֶּה וְהִכֵּיתִי כָל־בְּכוֹר בְּאֶרֶץ מִצְרַיִם מֵאָדָם וְעַד־בְּהֵמָה וּבְכָל־אֱלֹהֵי מִצְרַיִם אֶעֱשֶׂה שְׁפָטִים אֲנִי יְיָ:

And the Lord brought us out of Egypt with a mighty hand and with an outstretched arm and with great terror and with signs and with wonders. (*Deut.* XXVI, 8)

And the Lord brought us out of Egypt — not by the hand of an angel, and not by the hand of a seraph, and not by the hand of a messenger, but the Holy One, blessed be He, in His glory and in His person, as it is said: 'For I will go through the land of Egypt in that night, and I will smite all the first-born in the land of Egypt, both man and beast, and against all the gods of Egypt I will execute judgement: I am the Lord.' (*Ex.* XII, 12)

וְעָבַרְתִּי בְאֶרֶץ־מִצְרַיִם. אֲנִי וְלֹא מַלְאָךְ. וְהִכֵּיתִי כָל־בְּכוֹר. אֲנִי וְלֹא שָׂרָף. וּבְכָל־אֱלֹהֵי מִצְרַיִם אֶעֱשֶׂה שְׁפָטִים. אֲנִי וְלֹא הַשָּׁלִיחַ. אֲנִי יְיָ. אֲנִי הוּא וְלֹא אַחֵר:

For I will go through the land of Egypt in that night — I, not an angel: And I will smite all the first-born in the land of Egypt — I, not a seraph: And against all the gods of Egypt will I execute judgement — I, not a messenger. I am the Lord — I am he, and no other.

And he saw an Egyptian beating a Hebrew of his brethren. (*Exodus* II, 11)
An Egyptian beating a Semite from the Land of Canaan. Rock engraving in the ancient mines of Sinai, where Semite captives toiled and laboured.

וַיַּרְא אִישׁ מִצְרִי מַכֶּה אִישׁ־עִבְרִי מֵאֶחָיו (שמות ב, יא)

איש מצרי מכה שמי מבני ארץ כנען. ציור בסלע מהמכרות העתיקים בסיני, בהם עבדו בפרך שבויים שמיים בימי הפרעונים.

And Egypt made the Children of Israel toil and labour. (Exodus I, 13)

Among the slaves in the painting is a bearded Semite. Tomb painting from the tomb of Rekhmire 15th century B.C.E., illustrating the making of building bricks in Egypt.

וַיַּעֲבִדוּ מִצְרַיִם אֶת־בְּנֵי יִשְׂרָאֵל בְּפָרֶךְ (שמות א, יג)

בין העבדים שבציור נראה גם שמי מגודל זקן. ציור מקבר רח־מי־רע בנא־אמון, מהמאה הט״ו, מדגים יפה עבודת ייצור לבני־בניה במצרים.

וַיְמָרְרוּ אֶת־חַיֵּיהֶם בַּעֲבֹדָה קָשָׁה בְּחֹמֶר וּבִלְבֵנִים (שמות א, יד)

לבנה נושאת חותמו של רעמסס הב׳, שנמצאה במקום השעבוד של בני ישראל, בפיתום.

And they made their lives bitter with harsh labour, with bricks and mortar. (Exodus I, 14)
A brick bearing the seal of Rameses II, found at Pithom where the Children of Israel laboured in bondage.

26

וּמֵת כָּל־בְּכוֹר בְּאֶרֶץ מִצְרַיִם - - - וְהָיְתָה צְעָקָה גְדֹלָה בְּכָל־אֶרֶץ מִצְרָיִם (שמות יא, ה־ו)

And all the firstborn in Egypt perished . . . And there was a great outcry in all the Land of Egypt. (*Exodus* XI, 5-6)

מקוננות מצריות, מקבר הכוהן וסרחת, נא־אמון, שנת 1300 לפה"ס.

Wailing Egyptian women. From the tomb of Userhet the priest, Thebes, 1300 B.C.E.

בְּיָד חֲזָקָה. זוֹ הַדֶּבֶר. כְּמָה שֶׁנֶּאֱמַר הִנֵּה יַד־יְיָ הוֹיָה בְּמִקְנְךָ אֲשֶׁר בַּשָּׂדֶה בַּסּוּסִים בַּחֲמֹרִים בַּגְּמַלִּים בַּבָּקָר וּבַצֹּאן דֶּבֶר כָּבֵד מְאֹד:

וּבִזְרֹעַ נְטוּיָה. זוֹ הַחֶרֶב. כְּמָה שֶׁנֶּאֱמַר וְחַרְבּוֹ שְׁלוּפָה בְּיָדוֹ נְטוּיָה עַל־יְרוּשָׁלָיִם:

וּבְמֹרָא גָּדֹל. זֶה גִלּוּי שְׁכִינָה. כְּמָה שֶׁנֶּאֱמַר אוֹ הֲנִסָּה אֱלֹהִים לָבוֹא לָקַחַת לוֹ גוֹי מִקֶּרֶב גּוֹי בְּמַסֹּת בְּאֹתֹת וּבְמוֹפְתִים וּבְמִלְחָמָה וּבְיָד חֲזָקָה וּבִזְרוֹעַ נְטוּיָה וּבְמוֹרָאִים גְּדֹלִים כְּכֹל אֲשֶׁר־עָשָׂה לָכֶם יְיָ אֱלֹהֵיכֶם בְּמִצְרַיִם לְעֵינֶיךָ:

With a mighty hand: this refers to the murrain, as it is said, 'Behold, the hand of the Lord is upon thy cattle which is in the field, upon the horses, upon the asses, upon the camels, upon the herds, and upon the flocks; there shall be a very grievous murrain.' (*Ex.* IX, 3)

And with an outstretched arm: this refers to the sword, as it is said, 'And a drawn sword in his hand outstretched over Jerusalem.' (*I Chron.* XXI, 16)

And with great terror: this refers to the manifestation of the Divine Presence, as it is said: 'Or hath God essayed to go and take Him a nation from the midst of another nation by temptations, by signs, and by wonders, and by war, and by a mighty hand, and by an outstretched arm and by great terrors, according to all that the Lord your God did for you in Egypt before your eyes?' (*Deut.* IV, 34)

עַל־שְׂפַת הַיְאֹר (שמות ב, ב)

By the bank of the Nile. (*Exodus* II, 2)

הנילוס ליד המקדש המפורסם של אבו סימבל. דיוקני רעמסס הב׳, פרעה המשעבד, ניצבות בשער ופניהן אל הנהר.

The Nile near the famous Temple of Abu Simbel. Statues of Rameses II, the Pharaoh of the Oppression, sit facing the river.

שבויים שמיים מגודלי זקן נהוגים על ידי מצרים. - תבליט בקברו של פרעה חרמחב בנוף, מהמאה הי"ד לפה"ס.
Bearded captive Semites led by Egyptians — bas-relief from the tomb of Pharaoh Horemheb at Memphis, 14th century B.C.E.

וּבְאֹתוֹת. זֶה הַמַּטֶּה. כְּמָה שֶׁנֶּאֱמַר וְאֶת־הַמַּטֶּה הַזֶּה תִּקַּח בְּיָדֶךָ אֲשֶׁר תַּעֲשֶׂה־בּוֹ אֶת־הָאֹתֹת:

וּבְמֹפְתִים. זֶה הַדָּם. כְּמָה שֶׁנֶּאֱמַר וְנָתַתִּי מוֹפְתִים בַּשָּׁמַיִם וּבָאָרֶץ

And with signs: this refers to the Rod, as it is said: 'And thou shalt take in thy hand this rod, wherewith thou shalt do the signs.' (*Ex.* IV, 17)

And with wonders: this refers to the blood, as it is said: 'And I will shew wonders in the heavens and in the earth: blood, and fire, and pillars of smoke.' (*Joel* II, 30)

בשעת קריאת "דם ואש ותמרות עשן", עשר המכות ו־דצ"ך עד"ש באח"ב מטיפים באצבע מכוס היין עם כל מלה ומלה.

While reciting the words "blood and fire and pillars of smoke", the Ten Plagues and the abbreviations that follow, jerk a drop of wine with the little finger from the goblet at each word.

דָּם. וָאֵשׁ. וְתִימְרוֹת עָשָׁן:

דָּבָר אַחֵר. בְּיָד חֲזָקָה שְׁתַּיִם. וּבִזְרֹעַ נְטוּיָה שְׁתַּיִם. וּבְמֹרָא גָּדֹל שְׁתַּיִם. וּבְאֹתוֹת שְׁתַּיִם. וּבְמֹפְתִים שְׁתָּיִם. אֵלּוּ עֶשֶׂר מַכּוֹת שֶׁהֵבִיא הַקָּדוֹשׁ בָּרוּךְ הוּא עַל הַמִּצְרִים בְּמִצְרָיִם. וְאֵלּוּ הֵן:

Another explanation is as follows: 'with a strong hand' indicates two: 'and with an outstretched arm', two: 'and with great terror', two: 'and with signs', two: 'and with wonders' two.
This indicates the Ten Blows which the Holy One, blessed be He, brought upon the Egyptians in Egypt, to wit:

דָּם
BLOOD

צְפַרְדֵּעַ
FROGS

כִּנִּים
LICE

עָרוֹב
BEASTS

דֶּבֶר
MURRAIN

שְׁחִין
BOILS

בָּרָד
HAIL

אַרְבֶּה
LOCUSTS

חֹשֶׁךְ
DARKNESS

מַכַּת בְּכוֹרוֹת
SLAYING
F THE FIRST-BORN

רעמסס הב׳, פרעה מלך מצרים, על כסא המלוכה. בידו השרביט ועל ראשו כתר מלכות מצרים התחתונה. הפסל עמד, כנראה, במקדש כרנק.

Pharaoh Rameses II, king of Egypt, seated on his throne. In his right hand he holds the sceptre. On his head is the crown of Lower Egypt. It seems that this statue originally stood in the temple at Karnak.

רַבִּי יְהוּדָה הָיָה נוֹתֵן בָּהֶם סִימָנִים.

דְּצַ"ךְ עֲדַ"שׁ בְּאַחַ"ב:

רַבִּי יוֹסֵי הַגְּלִילִי אוֹמֵר. מִנַּיִן אַתָּה אוֹמֵר שֶׁלָּקוּ הַמִּצְרִים בְּמִצְרַיִם עֶשֶׂר מַכּוֹת. וְעַל הַיָּם לָקוּ חֲמִשִּׁים מַכּוֹת. בְּמִצְרַיִם מָה הוּא אוֹמֵר וַיֹּאמְרוּ הַחַרְטֻמִּם אֶל־פַּרְעֹה אֶצְבַּע אֱלֹהִים הִוא: וְעַל הַיָּם מָה הוּא אוֹמֵר וַיַּרְא יִשְׂרָאֵל אֶת־הַיָּד הַגְּדֹלָה אֲשֶׁר עָשָׂה יְיָ בְּמִצְרַיִם וַיִּירְאוּ הָעָם אֶת־יְיָ וַיַּאֲמִינוּ בַּייָ וּבְמֹשֶׁה עַבְדּוֹ: כַּמָּה לָקוּ בְּאֶצְבַּע עֶשֶׂר מַכּוֹת. אֱמוֹר מֵעַתָּה בְּמִצְרַיִם לָקוּ עֶשֶׂר מַכּוֹת. וְעַל הַיָּם לָקוּ חֲמִשִּׁים מַכּוֹת:

רַבִּי אֱלִיעֶזֶר אוֹמֵר. מִנַּיִן שֶׁכָּל מַכָּה וּמַכָּה שֶׁהֵבִיא הַקָּדוֹשׁ בָּרוּךְ הוּא עַל הַמִּצְרִים בְּמִצְרַיִם הָיְתָה שֶׁל אַרְבַּע מַכּוֹת. שֶׁנֶּאֱמַר יְשַׁלַּח־בָּם חֲרוֹן אַפּוֹ עֶבְרָה וָזַעַם וְצָרָה מִשְׁלַחַת מַלְאֲכֵי רָעִים: עֶבְרָה אַחַת. וָזַעַם שְׁתַּיִם. וְצָרָה שָׁלֹשׁ. מִשְׁלַחַת מַלְאֲכֵי רָעִים אַרְבַּע. אֱמוֹר מֵעַתָּה בְּמִצְרַיִם לָקוּ אַרְבָּעִים מַכּוֹת. וְעַל הַיָּם לָקוּ מָאתַיִם מַכּוֹת:

רַבִּי עֲקִיבָא אוֹמֵר. מִנַּיִן שֶׁכָּל מַכָּה וּמַכָּה שֶׁהֵבִיא הַקָּדוֹשׁ בָּרוּךְ הוּא עַל הַמִּצְרִים בְּמִצְרַיִם הָיְתָה שֶׁל חָמֵשׁ מַכּוֹת. שֶׁנֶּאֱמַר יְשַׁלַּח־בָּם חֲרוֹן אַפּוֹ עֶבְרָה וָזַעַם וְצָרָה מִשְׁלַחַת מַלְאֲכֵי רָעִים. חֲרוֹן אַפּוֹ אַחַת. עֶבְרָה שְׁתַּיִם. וָזַעַם שָׁלֹשׁ. וְצָרָה אַרְבַּע. מִשְׁלַחַת מַלְאֲכֵי רָעִים חָמֵשׁ. אֱמוֹר מֵעַתָּה בְּמִצְרַיִם לָקוּ חֲמִשִּׁים מַכּוֹת. וְעַל הַיָּם לָקוּ חֲמִשִּׁים וּמָאתַיִם מַכּוֹת:

Rabbi Judah used to refer to them by abbreviation, thus:

Detsach, Adash, Beahab

Rabbi Jose, the Galilaean, said: Whence canst thou deduce that, if the Egyptians were smitten with ten blows in Egypt, then upon the sea they were smitten with fifty blows? With regard to Egypt, what does the text say? 'Then the magicians said unto Pharaoh, This is the finger of God' (*Ex.* VIII, 15): and at the sea, what does the text say? 'And Israel saw the great hand which the Lord laid upon the Egyptians: and the people feared the Lord, and they believed in the Lord, and in His servant Moses' (*Ex.* XIV, 31). How many were they smitten by the finger? Ten blows. Deduce hence that in Egypt they were smitten with ten blows, while at the sea they were smitten with fifty blows.

Rabbi Eliezer said: Whence may it be deduced that every blow which the Holy One, blessed be He, brought upon the Egyptians in Egypt was equivalent to four blows? It is said: 'He cast upon them the fierceness of His anger, wrath, and indignation, and trouble, a band of angels of evil' (*Ps.* LXXVIII, 49). 'Wrath' indicates one: 'indignation', two: 'trouble', three: 'a band of angels of evil', four. Deduce hence that in Egypt they were smitten with forty blows, while at the sea they were afflicted with two hundred blows.

Rabbi Akiba said: Whence may it be deduced that every blow which the Holy One, blessed be He, brought upon the Egyptians in Egypt was equivalent to five blows? It is written: He cast upon them the fierceness of His anger, wrath, and indignation, and trouble, a band of angels of evil' (*Ibid.*). 'The fierceness of His anger' indicates one: 'wrath', two: 'indignation', three: 'trouble', four: 'a band of angels of evil', five. Deduce hence that in Egypt they were smitten with fifty blows, while at the sea they were smitten with two hundred and fifty blows.

Thereafter Moses and Aaron came and spoke to Pharaoh. (*Exodus* v, 1)
Reconstruction of the Court of Rameses II at Medinet Habu.

וְאַחַר בָּאוּ מֹשֶׁה וְאַהֲרֹן וַיֹּאמְרוּ אֶל־פַּרְעֹה (שמות ה, א)
שחזור חצרו של רעמסס הב' במדינת האבו.

כַּמָּה מַעֲלוֹת טוֹבוֹת לַמָּקוֹם עָלֵינוּ:

אִלּוּ הוֹצִיאָנוּ מִמִּצְרַיִם. וְלֹא עָשָׂה בָהֶם שְׁפָטִים דַּיֵּנוּ:

אִלּוּ עָשָׂה בָהֶם שְׁפָטִים. וְלֹא עָשָׂה בֵאלֹהֵיהֶם דַּיֵּנוּ:

אִלּוּ עָשָׂה בֵאלֹהֵיהֶם. וְלֹא הָרַג בְּכוֹרֵיהֶם דַּיֵּנוּ:

אִלּוּ הָרַג בְּכוֹרֵיהֶם. וְלֹא נָתַן לָנוּ אֶת מָמוֹנָם דַּיֵּנוּ:

אִלּוּ נָתַן לָנוּ אֶת מָמוֹנָם. וְלֹא קָרַע לָנוּ אֶת הַיָּם דַּיֵּנוּ:

אִלּוּ קָרַע לָנוּ אֶת הַיָּם. וְלֹא הֶעֱבִירָנוּ בְתוֹכוֹ בֶּחָרָבָה דַּיֵּנוּ:

אִלּוּ הֶעֱבִירָנוּ בְתוֹכוֹ בֶּחָרָבָה. וְלֹא שִׁקַּע צָרֵינוּ בְּתוֹכוֹ דַּיֵּנוּ:

אִלּוּ שִׁקַּע צָרֵינוּ בְּתוֹכוֹ. וְלֹא סִפֵּק צָרְכֵּנוּ בַּמִּדְבָּר אַרְבָּעִים שָׁנָה דַּיֵּנוּ:

אִלּוּ סִפֵּק צָרְכֵּנוּ בַּמִּדְבָּר אַרְבָּעִים שָׁנָה. וְלֹא הֶאֱכִילָנוּ אֶת־הַמָּן דַּיֵּנוּ:

אִלּוּ הֶאֱכִילָנוּ אֶת־הַמָּן. וְלֹא נָתַן לָנוּ אֶת־הַשַּׁבָּת דַּיֵּנוּ:

אִלּוּ נָתַן לָנוּ אֶת־הַשַּׁבָּת. וְלֹא קֵרְבָנוּ לִפְנֵי הַר סִינַי דַּיֵּנוּ:

אִלּוּ קֵרְבָנוּ לִפְנֵי הַר סִינַי. וְלֹא נָתַן לָנוּ אֶת־הַתּוֹרָה דַּיֵּנוּ:

אִלּוּ נָתַן לָנוּ אֶת הַתּוֹרָה. וְלֹא הִכְנִיסָנוּ לְאֶרֶץ יִשְׂרָאֵל דַּיֵּנוּ:

אִלּוּ הִכְנִיסָנוּ לְאֶרֶץ יִשְׂרָאֵל. וְלֹא בָנָה לָנוּ אֶת־בֵּית הַבְּחִירָה דַּיֵּנוּ:

How many are the calls of the Almighty upon our thankfulness!

Had He brought us out of Egypt, And not executed judgement on them — It had sufficed us!
Had He executed judgement on them, But not wrought justice on their gods — It had sufficed us!
Had He wrought justice on their gods, And not slain their first-born — It had sufficed us!
Had He slain their first-born, And not given us their substance, — It had sufficed us!
Had He given us their substance, And not cleft us the sea — It had sufficed us!
Had He cleft us the sea, And not brought us through it dryshod — It had sufficed us!
Had He brought us through it dryshod, And not sunk our oppressors in its depths — It had sufficed us!
Had He sunk our oppressors in its depths, And not satisfied our wants in the wilderness for forty years — It had sufficed us!
Had He satisfied our wants in the wilderness for forty years, And not fed us with the manna — It had sufficed us!
Had He fed us with the manna, And not given us the Sabbath — It had sufficed us!
Had He given us the Sabbath, And not brought us to the Mount of Sinai — It had sufficed us!
Had He brought us to the Mount of Sinai, And not given us the Law — It had sufficed us!
Had He given us the Law, And not brought us into the Land of Israel — It had sufficed us!
Had He brought us into the Land of Israel, And not built us the Chosen Temple — It had sufficed us!

עַל אַחַת כַּמָּה וְכַמָּה טוֹבָה כְפוּלָה וּמְכֻפֶּלֶת לַמָּקוֹם עָלֵינוּ. שֶׁהוֹצִיאָנוּ מִמִּצְרַיִם. וְעָשָׂה בָהֶם שְׁפָטִים. וְעָשָׂה בֵאלֹהֵיהֶם. וְהָרַג בְּכוֹרֵיהֶם. וְנָתַן לָנוּ אֶת מָמוֹנָם. וְקָרַע לָנוּ אֶת הַיָּם. וְהֶעֱבִירָנוּ בְתוֹכוֹ בֶּחָרָבָה. וְשִׁקַּע צָרֵינוּ בְּתוֹכוֹ. וְסִפֵּק צָרְכֵּנוּ בַּמִּדְבָּר אַרְבָּעִים שָׁנָה. וְהֶאֱכִילָנוּ אֶת הַמָּן. וְנָתַן לָנוּ אֶת הַשַּׁבָּת. וְקֵרְבָנוּ לִפְנֵי הַר סִינַי. וְנָתַן לָנוּ אֶת הַתּוֹרָה. וְהִכְנִיסָנוּ לְאֶרֶץ יִשְׂרָאֵל. וּבָנָה לָנוּ אֶת בֵּית הַבְּחִירָה לְכַפֵּר עַל כָּל עֲוֹנוֹתֵינוּ:

How much more so, then, hath the Almighty a double, and redoubled, call upon our thankfulness! For He brought us out of Egypt, and executed judgement on them, and wrought justice on their gods, and slew their first-born, and gave us their substance, and cleft us the sea, and brought us through it dry-shod, and sank our oppressors in its depths, and satisfied our wants in the wilderness for forty years, and fed us with the manna, and gave us the Sabbath, and brought us to the Mount of Sinai, and gave us the Law, and brought us into the land of Israel and built us the chosen Temple to atone for all our sins.

וַתֵּרֶד בַּת־פַּרְעֹה לִרְחֹץ עַל הַיְאֹר (שמות ב, ה)

אצילה מצרית, כנראה מלכה, לפי תמשיח בקבר בדיר־אל־מדינה.

And the daughter of Pharaoh went down to bathe in the Nile. (*Exodus* II, 5)
An Egyptian noblewoman, apparently a queen, in a wall-painting of a tomb at Deir el Medina.

וַתִּקַּח־לוֹ תֵּבַת גֹּמֶא - - - וַתָּשֶׂם בָּהּ אֶת־הַיֶּלֶד (שמות ב, ג)

קני גומא שעל שפת היאור. קטע מתמשיח בקבר קן־אמון.

And she took a box of rushes . . . and in it she placed the child. (*Exodus* II, 3)
Bulrushes by the bank of the Nile. Section of a wall-painting in the tomb of Ken-Amon.

רַבָּן גַּמְלִיאֵל הָיָה אוֹמֵר. כָּל שֶׁלֹּא אָמַר שְׁלֹשָׁה דְבָרִים אֵלּוּ בַּפֶּסַח לֹא יָצָא יְדֵי חוֹבָתוֹ. וְאֵלּוּ הֵן.
פֶּסַח. מַצָּה. וּמָרוֹר:

Rabban Gamaliel said: Any person who does not make mention of the following three things on Passover has not fulfilled his obligation; and these are they:
Passover, Maza, Bitter Herb

Gaze at the shankbone

מסתכלים בזרוע.

פסח

PASSOVER

שֶׁהָיוּ אֲבוֹתֵינוּ אוֹכְלִים בִּזְמַן שֶׁבֵּית הַמִּקְדָּשׁ קַיָּם. עַל שׁוּם מָה. עַל שׁוּם שֶׁפָּסַח הַקָּדוֹשׁ בָּרוּךְ הוּא עַל בָּתֵּי אֲבוֹתֵינוּ בְּמִצְרַיִם. שֶׁנֶּאֱמַר וַאֲמַרְתֶּם זֶבַח־פֶּסַח הוּא לַיְיָ אֲשֶׁר פָּסַח עַל־בָּתֵּי בְנֵי־יִשְׂרָאֵל בְּמִצְרַיִם בְּנָגְפּוֹ אֶת מִצְרַיִם וְאֶת־בָּתֵּינוּ הִצִּיל וַיִּקֹּד הָעָם וַיִּשְׁתַּחֲווּ:

The Passover which our fathers used to eat at the time when the Temple was standing — because of what is it? It is because the Holy One, Blessed be He, passed over the houses of our fathers in Egypt, as it is said: 'And ye shall say, It is the sacrifice of the Lord's Passover, for that he passed over the houses of the children of Israel in Egypt, when he smote the Egyptians, and delivered our houses. And the people bowed the head, and worshipped.' (*Ex.* XII, 27)

Point to the mazzah and say:

מצביעים על המצה ואומרים:

מצה

UNLEAVENED BREAD

זוּ שֶׁאָנוּ אוֹכְלִים עַל שׁוּם מָה. עַל שׁוּם שֶׁלֹּא הִסְפִּיק בְּצֵקָם שֶׁל אֲבוֹתֵינוּ לְהַחֲמִיץ עַד שֶׁנִּגְלָה עֲלֵיהֶם מֶלֶךְ מַלְכֵי הַמְּלָכִים הַקָּדוֹשׁ בָּרוּךְ הוּא וּגְאָלָם שֶׁנֶּאֱמַר וַיֹּאפוּ אֶת־הַבָּצֵק אֲשֶׁר הוֹצִיאוּ מִמִּצְרַיִם עֻגֹת מַצּוֹת כִּי לֹא חָמֵץ כִּי־גֹרְשׁוּ מִמִּצְרַיִם וְלֹא יָכְלוּ לְהִתְמַהְמֵהַּ וְגַם־צֵדָה לֹא־עָשׂוּ לָהֶם:

This Unleavened Bread which we eat — because of what is it? It is because there was no time for the dough of our fathers to become leavened before the supreme King of Kings, the Holy One, Blessed be He revealed himself unto them and redeemed them, as it is said: 'And they baked unleavened cakes of the dough which they brought forth out of Egypt, for it was not leavened: because they were thrust out of Egypt, and could not tarry, neither had they prepared for themselves any victual.' (*Ex.* XII, 39)

Point to the bitter herb and say:

מצביעים על המרור ואומרים:

מרור

BITTER HERB

זֶה שֶׁאָנוּ אוֹכְלִים עַל שׁוּם מָה. עַל שׁוּם שֶׁמֵּרְרוּ הַמִּצְרִים אֶת חַיֵּי אֲבוֹתֵינוּ בְּמִצְרַיִם. שֶׁנֶּאֱמַר וַיְמָרְרוּ אֶת־חַיֵּיהֶם בַּעֲבֹדָה קָשָׁה בְּחֹמֶר וּבִלְבֵנִים וּבְכָל־עֲבֹדָה בַּשָּׂדֶה אֵת כָּל־עֲבֹדָתָם אֲשֶׁר־עָבְדוּ בָהֶם בְּפָרֶךְ:

This Bitter Herb which we eat -- because of what is it? It is because the Egyptians embittered the lives of our fathers in Egypt, as it is written: 'And they made their lives bitter with hard bondage, in mortar and in brick, and in all manner of service in the field: all their service wherein they made them serve, was with rigour.' (*Ex.* I, 14)

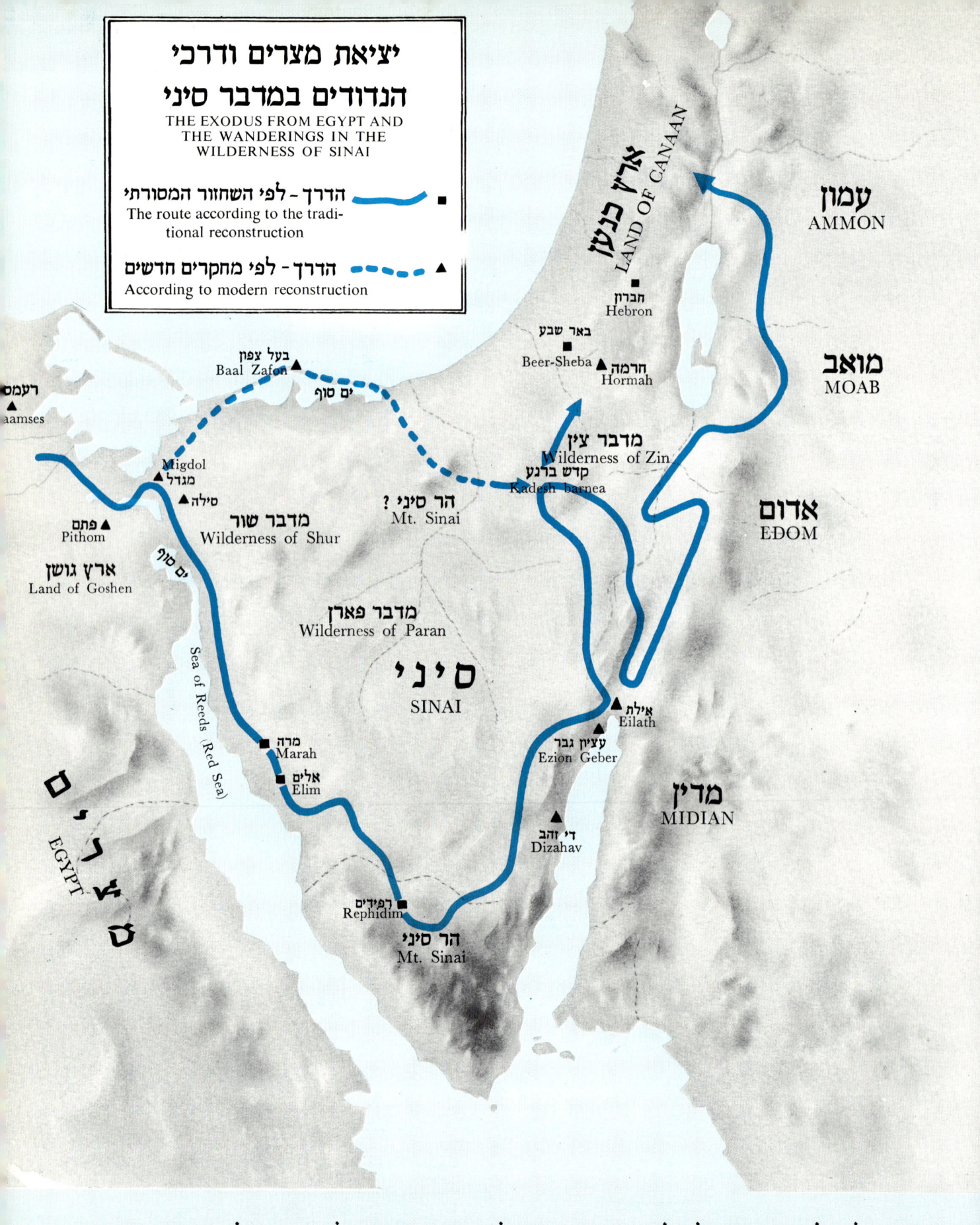

יציאת מצרים ודרכי הנדודים במדבר סיני
THE EXODUS FROM EGYPT AND THE WANDERINGS IN THE WILDERNESS OF SINAI

- ━━━ הדרך - לפי השחזור המסורתי
  The route according to the traditional reconstruction
- ┅┅┅ הדרך - לפי מחקרים חדשים
  According to modern reconstruction

"ואֵרֵד לְהַצִּילוֹ מִיַּד מִצְרַיִם וּלְהַעֲלֹתוֹ מִן־הָאָרֶץ הַהִוא אֶל־אֶרֶץ טוֹבָה וּרְחָבָה אֶל־אֶרֶץ זָבַת חָלָב וּדְבָשׁ..." (שמות ג, 8)

"And I shall descend to deliver him from Egypt and to bring him up from that land to a good broad land, to a land flowing with milk and honey..." (Exodus III, 8)

35

בְּכָל דּוֹר וָדוֹר חַיָּב אָדָם לִרְאוֹת אֶת עַצְמוֹ כְּאִלּוּ הוּא יָצָא מִמִּצְרַיִם.

שֶׁנֶּאֱמַר וְהִגַּדְתָּ לְבִנְךָ בַּיּוֹם הַהוּא לֵאמֹר בַּעֲבוּר זֶה עָשָׂה יְיָ לִי בְּצֵאתִי מִמִּצְרָיִם: לֹא אֶת אֲבוֹתֵינוּ בִּלְבַד גָּאַל הַקָּדוֹשׁ בָּרוּךְ הוּא. אֶלָּא אַף אוֹתָנוּ גָּאַל עִמָּהֶם. שֶׁנֶּאֱמַר וְאוֹתָנוּ הוֹצִיא מִשָּׁם לְמַעַן הָבִיא אֹתָנוּ לָתֶת לָנוּ אֶת־הָאָרֶץ אֲשֶׁר נִשְׁבַּע לַאֲבֹתֵינוּ:

In every single generation is it man's duty to regard himself as if he had gone forth from Egypt, as it is written: 'And thou shalt shew thy son in that day, saying, Because of that which the Lord did unto me when I came forth out of Egypt' (*Ex.* XIII, 8). Not our fathers only did the Holy One, Blessed be He, redeem, but us also He redeemed with them; as it is said: 'And he brought us out from thence, that he might bring us in, to give us the land which he sware unto our fathers' (*Deut* VI, 23).

כָּל־סוּס רֶכֶב פַּרְעֹה וּפָרָשָׁיו וְחֵילוֹ (שמות יד, ט)

חיל פרעה ורכבו. ציור על דפנות ארונו של תות־ענק־אמון (המאה הי״ד לפה״ס).

Every chariot horse of Pharaoh and his cavalry and his army. (*Exodus* XIV, 9)
The army and chariots of Pharaoh. Painting on a panel of the coffin of Tutankhamon, 14th Century B.C.E.

וַתִּקַּח מִרְיָם הַנְּבִיאָה אֲחוֹת אַהֲרֹן אֶת־הַתֹּף בְּיָדָהּ וַתֵּצֶאןָ כָל־הַנָּשִׁים
אַחֲרֶיהָ בְּתֻפִּים וּבִמְחֹלֹת (שמות טו, כ)
נשים מחוללות, לפי תמשיח בקברו של נֶפֶרְחֹתֶפּ בנא־אמון.

And Miriam the Prophetess the sister of Aaron took the drum in her hand, and all the women went forth after her with drums and dances. (*Exodus* xv, 20)
Women dancing and playing musical instruments. Wall-painting in the tomb of Neferhotep at Thebes.

Cover the mazzot, raise the goblet and loudly declare:

מכסים את המצות, מרימים את הכוס וקוראים בקול רם:

לְפִיכָךְ אֲנַחְנוּ חַיָּבִים לְהוֹדוֹת
לְהַלֵּל לְשַׁבֵּחַ לְפָאֵר לְרוֹמֵם לְהַדֵּר לְבָרֵךְ לְעַלֵּה וּלְקַלֵּס לְמִי שֶׁעָשָׂה לַאֲבוֹתֵינוּ וְלָנוּ אֶת כָּל הַנִּסִּים הָאֵלּוּ וְהוֹצִיאָנוּ

מֵעַבְדוּת
לְחֵרוּת
מִיָּגוֹן
לְשִׂמְחָה
מֵאֵבֶל
לְיוֹם טוֹב
וּמֵאֲפֵלָה
לְאוֹר גָּדוֹל
וּמִשִּׁעְבּוּד
לִגְאֻלָּה
וְנֹאמַר לְפָנָיו
(שִׁירָה חֲדָשָׁה)
הַלְלוּיָהּ:

מעמידים את הכוס.
Put the goblet down

It is therefore our duty to thank, praise, laud, glorify, exalt, honour, bless, extol, and adore Him who performed for our fathers and for us all of these wonders. He brought us forth from slavery to freedom, from anguish to joy, from mourning to holy-day, from darkness to great light, and from bondage to redemption. Let us sing, therefore, before Him a new song. Hallelujah!

Praise Him with psaltery and harp. (*Psalms* CL, 3)
Bas-relief of harpist. From the tomb of Patenemheb, 14th century B.C.E.

הַלְלוּהוּ בְּנֵבֶל וְכִנּוֹר (תהלים קנ, ג)
תבליט מנגן בנבל (מקברו של פתנמתכל,
המאה הי"ד לפה"ס).

And Moses wrote all the words of the Lord. (*Exodus* xxiv, 4)

A Hebrew inscription from the period of the Exodus was discovered at Serabit el-Hadem in the ancient mines of Sinai where, it seems, Semitic miners worked. The inscription was incised on a small sphinx found at a temple in the mines.

וַיִּכְתֹּב מֹשֶׁה אֵת כָּל־דִּבְרֵי יְהוָֹה (שמות כד, ד)

כתב עברי מתקופת יציאת מצרים נתגלה בצראביט אל־חאדם, במכרות העתיקים של סיני, שם עבדו, כמסתבר, כורים שמיים. הכתובת נחרטה על ספינקס זעיר שנמצא במקדש שבמכרות.

So we journeyed from Horeb and we went through all that great and dreadful wilderness which you have seen. (*Deuteronomy* 1, 19)
Sunset in the Wilderness of Sinai. The bright line in front of the mountains is the Red Sea.

וַנִּסַּע מֵחֹרֵב וַנֵּלֶךְ אֵת כָּל־הַמִּדְבָּר הַגָּדוֹל וְהַנּוֹרָא הַהוּא אֲשֶׁר רְאִיתֶם

(דברים א, יט)

שקיעה במדבר סיני. הקו הבהיר שלפני ההרים הוא ים־סוף.

Jebel et Tih, "The Wilderness of the Wanderers", in the heart of the Sinai Peninsula.

מראה רמת א־תיה, "מדבר התועים", שבמרכז חצי־האי סיני.

40

הַלְלוּיָהּ

הַלְלוּ עַבְדֵי יְיָ הַלְלוּ אֶת־שֵׁם יְיָ: יְהִי שֵׁם יְיָ מְבֹרָךְ מֵעַתָּה וְעַד־עוֹלָם:
מִמִּזְרַח־שֶׁמֶשׁ עַד־מְבוֹאוֹ מְהֻלָּל שֵׁם יְיָ: רָם עַל־כָּל־גּוֹיִם יְיָ עַל־הַשָּׁמַיִם כְּבוֹדוֹ: מִי כַּיְיָ
אֱלֹהֵינוּ הַמַּגְבִּיהִי לָשָׁבֶת: הַמַּשְׁפִּילִי לִרְאוֹת בַּשָּׁמַיִם וּבָאָרֶץ: מְקִימִי מֵעָפָר דָּל מֵאַשְׁפֹּת
יָרִים אֶבְיוֹן: לְהוֹשִׁיבִי עִם־נְדִיבִים עִם נְדִיבֵי עַמּוֹ: מוֹשִׁיבִי עֲקֶרֶת הַבַּיִת אֵם־הַבָּנִים שְׂמֵחָה
הַלְלוּיָהּ:

Praise ye the Lord. Praise, O ye servants of the Lord, praise the Name of the Lord. Let the Name of the Lord be blessed from this time forth and for evermore. From the rising of the sun until the going down thereof the Lord's Name is to be praised. The Lord is high above all nations, and His glory above the heavens. Who is like unto the Lord our God, that dwelleth so high; that looketh down so low upon the heavens and earth! He raiseth up the lowly out of the dust, and lifteth up the needy from the dunghill; that He may set him with princes, even with the princes of His people. He maketh the barren woman to dwell in her house as a joyful mother of children. Praise ye the Lord.

בְּצֵאת יִשְׂרָאֵל מִמִּצְרָיִם

בֵּית יַעֲקֹב מֵעַם לֹעֵז: הָיְתָה יְהוּדָה לְקָדְשׁוֹ יִשְׂרָאֵל מַמְשְׁלוֹתָיו: הַיָּם רָאָה
וַיָּנֹס הַיַּרְדֵּן יִסֹּב לְאָחוֹר: הֶהָרִים רָקְדוּ כְאֵילִים גְּבָעוֹת כִּבְנֵי־צֹאן: מַה־לְּךָ
הַיָּם כִּי תָנוּס הַיַּרְדֵּן תִּסֹּב לְאָחוֹר: הֶהָרִים תִּרְקְדוּ כְאֵילִים גְּבָעוֹת כִּבְנֵי־
צֹאן: מִלִּפְנֵי אָדוֹן
חוּלִי אָרֶץ מִלִּפְנֵי
אֱלוֹהַּ יַעֲקֹב: הַהֹפְכִי
הַצּוּר אֲגַם־מָיִם
חַלָּמִישׁ לְמַעְיְנוֹ־מָיִם:

Ps. CXIV. When Israel went forth out of Egypt, the house of Jacob from a people of strange language; Judah became his sanctuary, Israel his dominion. The sea saw it, and fled; Jordan turned back. The mountains skipped like rams, the hills like lambs. What aileth thee, O thou sea, that thou fleest? Thou Jordan, that thou turnest back? Ye mountains that ye skip like rams? Ye hills, like lambs? At the presence of the Lord tremble, O earth, at the presence of the God of Jacob; who turned the rock into a pool of water, the flint into a fountain of waters.

וַיְהִי בָעֶרֶב וַתַּעַל הַשְּׂלָו וַתְּכַס אֶת־הַמַּחֲנֶה (שמות טז, יג)

ציור של שלווים במדבר סיני, בימי האביב והסתיו, בנדידתם מסווּאן לאירופה וחזרה.

When evening came the quail rose and covered the camp. (*Exodus* XVI, 13)

Drawing of quail in the Wilderness of Sinai in Spring and Autumn, during their migrations to and from Europe.

מגלים את המצות, לוקחים
את הכוס ביד ומברכים:

Uncover the mazzot, take the goblet
in hand and bless:

בָּרוּךְ אַתָּה יְיָ אֱלֹהֵינוּ מֶלֶךְ הָעוֹלָם. אֲשֶׁר גְּאָלָנוּ וְגָאַל אֶת־אֲבוֹתֵינוּ מִמִּצְרַיִם. וְהִגִּיעָנוּ לַלַּיְלָה הַזֶּה לֶאֱכָל־בּוֹ מַצָּה וּמָרוֹר: כֵּן יְיָ אֱלֹהֵינוּ וֵאלֹהֵי אֲבוֹתֵינוּ הַגִּיעֵנוּ לְמוֹעֲדִים וְלִרְגָלִים אֲחֵרִים הַבָּאִים לִקְרָאתֵנוּ לְשָׁלוֹם שְׂמֵחִים בְּבִנְיַן עִירֶךָ וְשָׂשִׂים בַּעֲבוֹדָתֶךָ. וְנֹאכַל שָׁם מִן הַזְּבָחִים וּמִן הַפְּסָחִים אֲשֶׁר יַגִּיעַ דָּמָם עַל קִיר מִזְבַּחֲךָ לְרָצוֹן. וְנוֹדֶה לְּךָ שִׁיר חָדָשׁ עַל גְּאֻלָּתֵנוּ וְעַל פְּדוּת נַפְשֵׁנוּ: בָּרוּךְ אַתָּה יְיָ גָּאַל יִשְׂרָאֵל:

Blessed art Thou, O Lord, King of the Universe, who redeemed us, and redeemed our Fathers, from Egypt, and enabled us to reach this night, whereon to eat unleavened bread and bitter herb. Likewise, O Lord our God and God of our Fathers, do Thou enable us to reach other anniversaries and feasts (may they come to us in peace!), joyous in the building of Thy city and exultant in Thy service. There shall we partake of the sacrifices and of the Paschal offerings the blood of which shall be acceptably sprinkled upon the wall of Thy altar: and there shall we chant unto Thee a New Song, for our redemption and for the salvation of our beings. Blessed art Thou, O Lord, who redeemed Israel!

בָּרוּךְ אַתָּה יְיָ אֱלֹהֵינוּ מֶלֶךְ הָעוֹלָם בּוֹרֵא פְּרִי הַגָּפֶן:

Blessed art Thou, O Lord, our God, King of the Universe, Creator of the fruit of the vine.

שותים כוס שניה בהסבה לצד שמאל.

Drink the second goblet leaning to the left.

רחצה

WASHING

נוטלים ידים ומברכים:

Wash the hands and bless:

בָּרוּךְ אַתָּה יְיָ אֱלֹהֵינוּ מֶלֶךְ הָעוֹלָם אֲשֶׁר קִדְּשָׁנוּ
בְּמִצְוֹתָיו וְצִוָּנוּ עַל נְטִילַת יָדַיִם:

Blessed art Thou, O Lord, our God, King of the Universe, who sanctified us by His commandments and commanded us concerning the washing of the hands.

וּבְנֵי־יִשְׂרָאֵל עָשׂוּ כִּדְבַר מֹשֶׁה וַיִּשְׁאֲלוּ מִמִּצְרַיִם כְּלֵי־כֶסֶף וּכְלֵי זָהָב וּשְׂמָלוֹת (שמות יב, לה)

And the Children of Israel did what Moses said, and they borrowed silver vessels and gold vessels and garments from the Egyptians. (*Exodus* XII, 35)

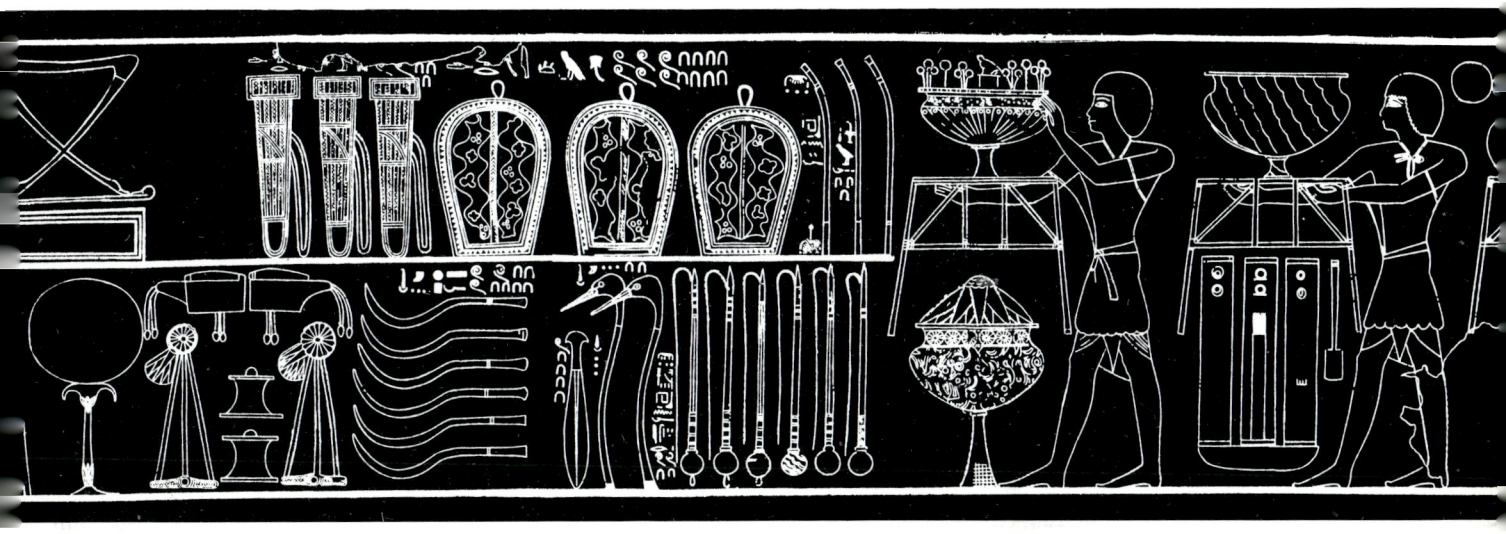

אוצר פרעה מקבר קן־אמון בנא־אמון.

The treasures of Pharaoh. From the tomb of Ken-Amon in Thebes.

מוציא

THE BLESSING OVER BREAD

בוצעים את המצה העליונה ואת המחצית האמצעית ומברכים:

Break the Upper mazzah and the middle half and bless:

בָּרוּךְ אַתָּה יְיָ אֱלֹהֵינוּ מֶלֶךְ הָעוֹלָם הַמּוֹצִיא לֶחֶם מִן הָאָרֶץ:

Blessed art Thou, O Lord, our God, King of the Universe, the bringer forth of bread out of the earth.

מצה

THE BLESSING OVER THE MAZZAH

ועל הפרוסה מברכים:

Say this blessing over the piece of Mazzah:

בָּרוּךְ אַתָּה יְיָ אֱלֹהֵינוּ מֶלֶךְ הָעוֹלָם אֲשֶׁר קִדְּשָׁנוּ בְּמִצְוֹתָיו
וְצִוָּנוּ עַל אֲכִילַת מַצָּה:

Blessed art Thou, O Lord, our God, King of the Universe, who sanctified us by His commandments and commanded us concerning the eating of Unleavened Bread.

מרור

BITTER HERB

טובלים המרור בחרוסת ומברכים:

Dip the bitter herb in the haroset and say:

בָּרוּךְ אַתָּה יְיָ אֱלֹהֵינוּ מֶלֶךְ הָעוֹלָם אֲשֶׁר קִדְּשָׁנוּ בְּמִצְוֹתָיו
וְצִוָּנוּ עַל אֲכִילַת מָרוֹר:

Blessed art Thou, O Lord, our God, King of the Universe, who sanctified us by His commandments and commanded us concerning the eating of Bitter Herb.

כורך

COMBINING

כורכים חזרת בכזית מן המצה התחתונה ואומרים:

Sandwich horseradish with a tiny piece of the lower mazzah and say:

זֵכֶר לַמִּקְדָּשׁ כְּהִלֵּל: כֵּן עָשָׂה הִלֵּל בִּזְמַן שֶׁבֵּית הַמִּקְדָּשׁ קַיָּם. הָיָה כּוֹרֵךְ (פֶּסַח) מַצָּה וּמָרוֹר וְאוֹכֵל בְּיַחַד. לְקַיֵּם מַה שֶּׁנֶּאֱמַר. עַל מַצּוֹת וּמְרוֹרִים יֹאכְלֻהוּ:

In remembrance of the Temple, according to the custom of Hillel. Thus Hillel was accustomed to do when the Temple was still standing: he used to place together some of the Paschal offering, unleavened bread, and bitter herb and eat them as one, to fulfil that which is said: 'Upon unleavened bread and bitter herbs shall they eat it.' (*Numb.* IX, 11)

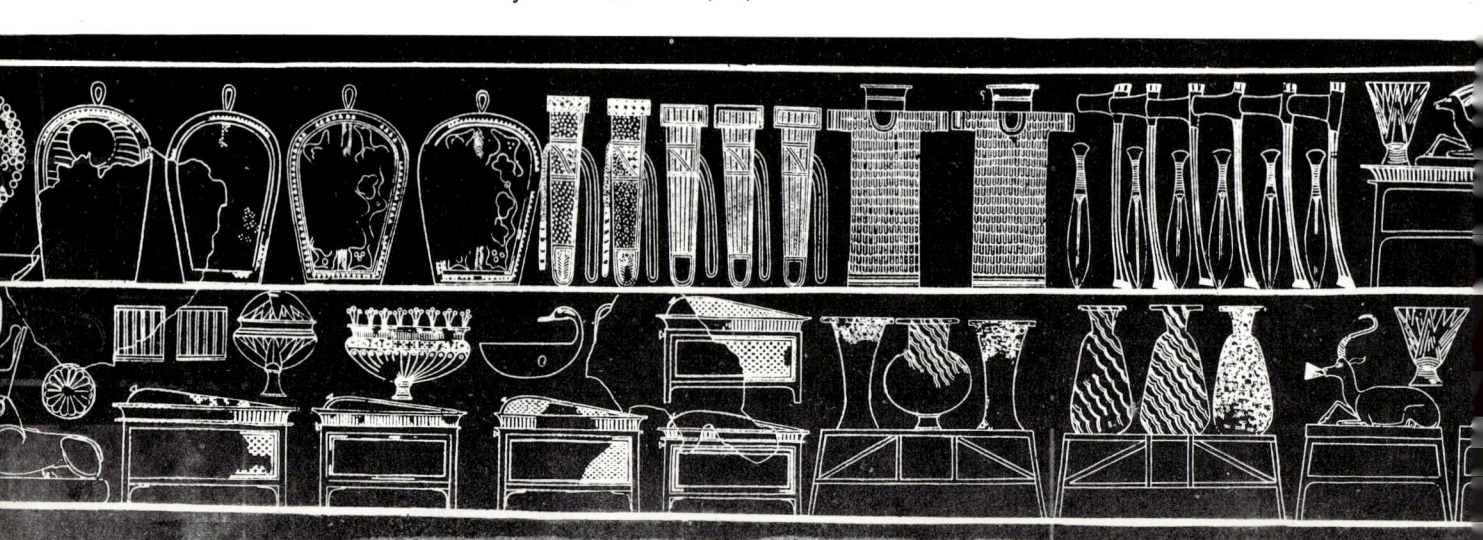

שלחן

אוכלים סעודת חג

**כלי כסף לחרוסת. דמוי־מריצה,
פולין, המאה ה־י״ט.**

A silver wheelbarrow-shaped dish for horseradish. Poland, 19th century.

**כד ליין, מאייזנשטדט, אוסטריה
1740.**

A wine-jug. Eisenstadt, Austria, 1740.

עורך

EAT THE FESTIVE MEAL

קערה לסדר של פסח. איטליה,
המאה ה-י"ז
A kaarah *or platter for the Passover Seder. Italy, 17th Century.*

רקמה על גבי נרתיק למצות.
אוסטריה, המאה הי"ט.
Embroidered case for matzoth Austria, 19th Century.

45

צָפוּן

APHIKOMAN

לאחר הסעודה אוכלים כזית מן האפיקומן.

After the festive meal eat a little of the Aphikoman

הספרדים אומרים לפני אכילת האפיקומן: זֵכֶר לְקָרְבַּן פֶּסַח הַנֶּאֱכָל עַל הַשֹּׂבַע:

Before eating the Afikoman the Sephardim say: In memory of the Passover sacrifice, which is eaten amid plenty.

בָּרֵךְ
GRACE

מוזגים כוס שלישית. מברכים ברכת המזון:

Pour the third goblet. Commence the Grace after food:

ויאמר המברך	רַבּוֹתַי נְבָרֵךְ
ועונים אחריו	יְהִי שֵׁם יְיָ מְבֹרָךְ מֵעַתָּה וְעַד־עוֹלָם:
ויאמר	בִּרְשׁוּת מָרָנָן וְרַבָּנָן וְרַבּוֹתַי נְבָרֵךְ שֶׁאָכַלְנוּ מִשֶּׁלּוֹ:
ועונים	בָּרוּךְ שֶׁאָכַלְנוּ מִשֶּׁלּוֹ וּבְטוּבוֹ חָיִינוּ:
ויחזור ויאמר	בָּרוּךְ שֶׁאָכַלְנוּ מִשֶּׁלּוֹ וּבְטוּבוֹ חָיִינוּ:

The reciter of Grace says:
The response:

The reciter:
My Masters, let us say the Blessing.
May the Name of the Lord be blessed from this time forth and for ever.
The response:
Let us bless Him (our God) of whose bounty we have partaken.
(Also the reciter repeats:)
Blessed be He (our God) of whose bounty we have partaken and through whose goodness we live.

בָּרוּךְ הוּא וּבָרוּךְ שְׁמוֹ:

Blessed be He and blest His Name

בָּרוּךְ אַתָּה יְיָ אֱלֹהֵינוּ מֶלֶךְ הָעוֹלָם הַזָּן אֶת הָעוֹלָם כֻּלּוֹ בְּטוּבוֹ בְּחֵן בְּחֶסֶד וּבְרַחֲמִים הוּא נוֹתֵן לֶחֶם לְכָל בָּשָׂר כִּי לְעוֹלָם חַסְדּוֹ: וּבְטוּבוֹ הַגָּדוֹל תָּמִיד לֹא חָסַר לָנוּ וְאַל יֶחְסַר לָנוּ מָזוֹן לְעוֹלָם וָעֶד. בַּעֲבוּר שְׁמוֹ הַגָּדוֹל כִּי הוּא זָן וּמְפַרְנֵס לַכֹּל וּמֵטִיב לַכֹּל וּמֵכִין מָזוֹן לְכָל בְּרִיּוֹתָיו אֲשֶׁר בָּרָא. בָּרוּךְ אַתָּה יְיָ הַזָּן אֶת הַכֹּל:

Blessed art Thou, O Lord, our God, King of the Universe: who sustaineth the whole world in His goodness, in grace, lovingkindness, and mercy. 'He giveth bread to all flesh: for His mercy endureth for ever' (*Ps.* cxxxvi, 25). And through His goodness, which is ever great, sustenance hath never failed us, nor will fail us, for ever and ever, for His great Name's sake. For He sustaineth and supporteth all, and doth good to all, and prepareth sustenance to all His creatures which He hath created. Blessed art Thou, O Lord, who sustainest all.

נוֹדֶה לְּךָ יְיָ אֱלֹהֵינוּ עַל שֶׁהִנְחַלְתָּ לַאֲבוֹתֵינוּ אֶרֶץ חֶמְדָּה טוֹבָה וּרְחָבָה וְעַל שֶׁהוֹצֵאתָנוּ יְיָ אֱלֹהֵינוּ מֵאֶרֶץ מִצְרַיִם וּפְדִיתָנוּ מִבֵּית עֲבָדִים וְעַל בְּרִיתְךָ שֶׁחָתַמְתָּ בִּבְשָׂרֵנוּ וְעַל תּוֹרָתְךָ שֶׁלִּמַּדְתָּנוּ וְעַל חֻקֶּיךָ שֶׁהוֹדַעְתָּנוּ וְעַל חַיִּים חֵן וָחֶסֶד שֶׁחוֹנַנְתָּנוּ וְעַל אֲכִילַת מָזוֹן שָׁאַתָּה זָן וּמְפַרְנֵס אוֹתָנוּ תָּמִיד בְּכָל יוֹם וּבְכָל עֵת וּבְכָל שָׁעָה:

Let us render thanks unto Thee, O Lord, our God, because Thou didst give as an inheritance to our fathers a land which is pleasant, goodly, and ample: and because Thou didst bring us forth, O Lord, our God, from the land of Egypt, and didst redeem us from the house of bondage: and for Thy covenant which Thou didst seal in our flesh, and for Thy law which Thou hast taught us, and for Thy statutes which Thou hast made known unto us, and for the life, grace, and lovingkindness wherewith Thou hast favoured us, and for the partaking of this sustenance wherewith Thou dost sustain and support us continually — on every day, and at every time, and in every hour.

וְעַל הַכֹּל יְיָ אֱלֹהֵינוּ אֲנַחְנוּ מוֹדִים לָךְ וּמְבָרְכִים אוֹתָךְ יִתְבָּרַךְ שִׁמְךָ בְּפִי כָּל חַי תָּמִיד לְעוֹלָם וָעֶד. כַּכָּתוּב. וְאָכַלְתָּ וְשָׂבָעְתָּ וּבֵרַכְתָּ אֶת־יְיָ אֱלֹהֶיךָ עַל־הָאָרֶץ הַטֹּבָה אֲשֶׁר נָתַן־לָךְ. בָּרוּךְ אַתָּה יְיָ עַל־הָאָרֶץ וְעַל הַמָּזוֹן:

For all this, O Lord, our God, we render thanks to Thee and bless Thee. Blessed be Thy Name in the mouth of all that lives, continually and for evermore: as it is written: 'And thou shalt eat, and be satisfied, and shalt bless the Lord thy God for the good land which He hath given thee' (*Deut.* VIII, 10). Blessed art Thou, O Lord, for the Land and for the sustenance.

רַחֶם־נָא יְיָ אֱלֹהֵינוּ עַל יִשְׂרָאֵל עַמֶּךָ וְעַל יְרוּשָׁלַיִם עִירֶךָ וְעַל צִיּוֹן מִשְׁכַּן כְּבוֹדֶךָ וְעַל מַלְכוּת בֵּית דָּוִד מְשִׁיחֶךָ וְעַל הַבַּיִת הַגָּדוֹל וְהַקָּדוֹשׁ שֶׁנִּקְרָא שִׁמְךָ עָלָיו: אֱלֹהֵינוּ אָבִינוּ רְעֵנוּ זוּנֵנוּ פַּרְנְסֵנוּ וְכַלְכְּלֵנוּ וְהַרְוִיחֵנוּ וְהַרְוַח לָנוּ יְיָ אֱלֹהֵינוּ מְהֵרָה מִכָּל צָרוֹתֵינוּ: וְנָא אַל תַּצְרִיכֵנוּ יְיָ אֱלֹהֵינוּ לֹא לִידֵי מַתְּנַת בָּשָׂר וָדָם וְלֹא לִידֵי הַלְוָאָתָם כִּי אִם לְיָדְךָ הַמְּלֵאָה הַפְּתוּחָה הַקְּדוֹשָׁה וְהָרְחָבָה שֶׁלֹּא נֵבוֹשׁ וְלֹא נִכָּלֵם לְעוֹלָם וָעֶד:

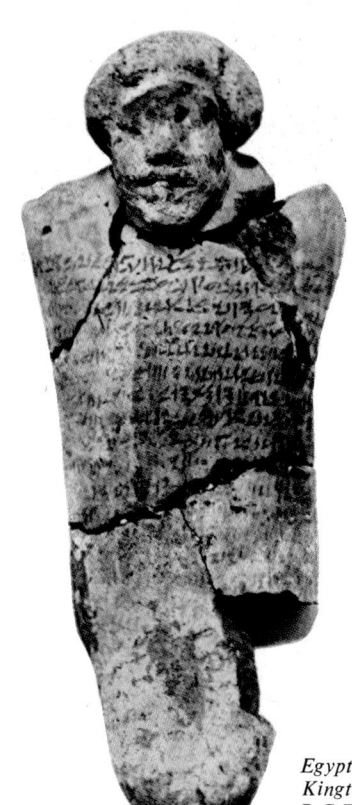

Have mercy, O Lord, our God, upon Israel Thy people, and upon Jerusalem Thy city, and upon Zion the abiding-place of Thy glory, and upon the kingdom of the house of David, Thine anointed, and upon the great and holy House which is called by Thy Name. O our God, our Father! do Thou pasture us, sustain us, support us, maintain us, and deliver us! Deliver us, O Lord, our God, speedily from all our troubles. And we beseech Thee, O Lord, our God, make us not dependent upon the gifts of flesh and blood, nor upon their loans, but only upon Thy full, open, holy, and ample hand: so that we may not be ashamed nor abashed for ever and ever.

Egyptian statuette from the Middle Kingtom (19th — 18th Centuries B.C.E.). Jerusalem is mentioned for the first time in the inscription on it.

פסל מצרי זעיר מימי הממלכה המצרית התיכונה (המאה ה־י״ח־י״ט). בכתובת שעליו נזכרת, לראשונה, ירושלים.

And they encamped in the wilderness; and Israel camped there opposite the mountain. (*Exodus* XIX, 2)
Jebel Musa (*Mount Moses*) *in Southern Sinai. The traditional "Mountain of God."*

וַיַּחֲנוּ בַּמִּדְבָּר וַיִּחַן־שָׁם יִשְׂרָאֵל נֶגֶד הָהָר. (שמות יט, ב)

ג'בל מוסא (הר משה) בסיני הדרומי. לפי המסורת "הר האלוהים".

On Sabbath Eve say:

בשבת אומרים:

רְצֵה וְהַחֲלִיצֵנוּ יְיָ אֱלֹהֵינוּ בְּמִצְוֹתֶיךָ וּבְמִצְוַת יוֹם הַשְּׁבִיעִי הַשַּׁבָּת הַגָּדוֹל וְהַקָּדוֹשׁ הַזֶּה. כִּי יוֹם זֶה גָּדוֹל וְקָדוֹשׁ הוּא לְפָנֶיךָ לִשְׁבָּת־בּוֹ וְלָנוּחַ בּוֹ בְּאַהֲבָה כְּמִצְוַת רְצוֹנֶךָ. בִּרְצוֹנְךָ הָנִיחַ לָנוּ יְיָ אֱלֹהֵינוּ שֶׁלֹּא תְהִי צָרָה וְיָגוֹן וַאֲנָחָה בְּיוֹם מְנוּחָתֵנוּ. וְהַרְאֵנוּ יְיָ אֱלֹהֵינוּ בְּנֶחָמַת צִיּוֹן עִירֶךָ וּבְבִנְיַן יְרוּשָׁלַיִם עִיר קָדְשֶׁךָ כִּי אַתָּה בַּעַל הַיְשׁוּעוֹת וּבַעַל הַנֶּחָמוֹת:

Be pleased, O Lord, our God, to prosper us by Thy precepts, and especially by the precept concerning the seventh day, the great and holy Sabbath. For this day is great and holy before Thee, that we may rest thereon and repose thereon in love, according to Thy gracious precept. By Thy grace, O Lord, our God, grant us repose, that there may be no trouble nor sorrow nor lamentation upon our day of rest: and cause us to see the consolation of Zion Thy city, and the building of Jerusalem Thy holy city: for Thou art He who is Lord of redemption and Lord of consolation.

אֱלֹהֵינוּ וֵאלֹהֵי אֲבוֹתֵינוּ יַעֲלֶה וְיָבֹא וְיַגִּיעַ וְיֵרָאֶה וְיֵרָצֶה וְיִשָּׁמַע וְיִפָּקֵד וְיִזָּכֵר זִכְרוֹנֵנוּ וּפִקְדוֹנֵנוּ וְזִכְרוֹן אֲבוֹתֵינוּ. וְזִכְרוֹן מָשִׁיחַ בֶּן דָּוִד עַבְדֶּךָ. וְזִכְרוֹן יְרוּשָׁלַיִם עִיר קָדְשֶׁךָ. וְזִכְרוֹן כָּל עַמְּךָ בֵּית יִשְׂרָאֵל לְפָנֶיךָ. לִפְלֵטָה לְטוֹבָה לְחֵן וּלְחֶסֶד וּלְרַחֲמִים לְחַיִּים וּלְשָׁלוֹם בְּיוֹם חַג הַמַּצּוֹת הַזֶּה. זָכְרֵנוּ יְיָ אֱלֹהֵינוּ בּוֹ לְטוֹבָה. וּפָקְדֵנוּ בוֹ לִבְרָכָה. וְהוֹשִׁיעֵנוּ בוֹ לְחַיִּים. וּבִדְבַר יְשׁוּעָה וְרַחֲמִים חוּס וְחָנֵּנוּ וְרַחֵם עָלֵינוּ וְהוֹשִׁיעֵנוּ כִּי אֵלֶיךָ עֵינֵינוּ כִּי אֵל חַנּוּן וְרַחוּם אָתָּה:

Our God, and God of our Fathers! May there ascend, and come, and arrive, and be seen, and accepted, and heard, and visited, and remembered — our remembrance, and our visitation, and the remembrance of our Fathers, and the remembrance of the anointed Messiah, son of David Thy servant, and the remembrance of Jerusalem Thy holy city, and the remembrance of the whole of Thy people the house of Israel: for deliverance, and for good, and for grace, and for lovingkindness, and for mercy, and for life, and for peace, before Thee, upon this day, the Feast of Unleavened Bread. Remember us thereon, O Lord, our God, for good, and visit us thereon for a blessing, and save us thereon for life: through tidings of redemption and mercy pity us and show us grace, and be merciful unto us and redeem us, for to Thee are our eyes turned, for Thou art a gracious and merciful God and King.

וּבְנֵה יְרוּשָׁלַיִם
עִיר הַקֹּדֶשׁ
בִּמְהֵרָה בְיָמֵינוּ.
בָּרוּךְ אַתָּה יְיָ
בּוֹנֶה בְרַחֲמָיו יְרוּשָׁלָיִם.
אָמֵן:

And build Thou Jerusalem the holy city speedily in our days: blessed art Thou, O Lord, Rebuilder, in His mercy, of Jerusalem: Amen!

בָּרוּךְ אַתָּה יְיָ אֱלֹהֵינוּ מֶלֶךְ הָעוֹלָם הָאֵל אָבִינוּ מַלְכֵּנוּ אַדִּירֵנוּ בּוֹרְאֵנוּ גּוֹאֲלֵנוּ יוֹצְרֵנוּ קְדוֹשֵׁנוּ קְדוֹשׁ יַעֲקֹב רוֹעֵנוּ רוֹעֵה יִשְׂרָאֵל הַמֶּלֶךְ הַטּוֹב וְהַמֵּטִיב לַכֹּל שֶׁבְּכָל יוֹם וָיוֹם הוּא הֵטִיב הוּא מֵטִיב הוּא יֵטִיב לָנוּ. הוּא גְמָלָנוּ הוּא גוֹמְלֵנוּ הוּא יִגְמְלֵנוּ לָעַד לְחֵן וּלְחֶסֶד וּלְרַחֲמִים וּלְרֶוַח הַצָּלָה וְהַצְלָחָה בְּרָכָה וִישׁוּעָה נֶחָמָה פַּרְנָסָה וְכַלְכָּלָה וְרַחֲמִים וְחַיִּים וְשָׁלוֹם וְכָל טוֹב וּמִכָּל טוּב אַל יְחַסְּרֵנוּ:

Blessed art Thou, O Lord, our God, King of the Universe: O God, our Father, our King, our Mighty One, our Creator, our Redeemer, our Maker, our Holy One, the Holy One of Jacob: our Shepherd, the Shepherd of Israel: the good King, who doth good to all, who, upon every day did good, doth good, and will do good unto us. He hath bestowed, He doth bestow, He will bestow benefits upon us always, for grace, lovingkindness, mercy and deliverance: protection, prosperity, blessing, salvation, comfort, support, sustenance, mercy, life, peace and all good; and all good may He never let us lack!

וַיִּבֶן שְׁלֹמֹה אֶת־הַבַּיִת וַיְכַלֵּהוּ (מלכים־א יד)

בית־המקדש שבנה שלמה היה סמל לעצמאות האומה ובניתו מחדש - התגלמות כיסופי הגאולה.
בית־המקדש היה מחולק לשלושה חלקים: האולם; ההיכל, שבו נעשתה עבודת הקודש בידי הכוהנים; הדביר, שבו ניצב הארון והכרובים. לצדי הכניסה לאולם עמדו שני עמודי־הנחושת, יכין ובועז, ולרגלי המדרגות עמד "ים הנחושת" ולידו מזבח הנחושת.

And Solomon built the house and finished it. (*I Kings* VI, 14)
The Temple built by Solomon symbolised the independence of the nation, and its rebuilding the fulfilment of the yearnings for redemption.
The Temple was divided into three parts: The Hall; the Temple Building in which the Holy Service was performed by the priests; the "Dvir" or inner sanctum containing the Ark of the Covenant and the cherubim. The two bronze pillars, Yachin and Boaz, stood on either side of the entrance to the Hall. At the foot of the steps stood the "bronze sea" with the bronze altar next to it.

הָרַחֲמָן הוּא יִמְלוֹךְ עָלֵינוּ לְעוֹלָם וָעֶד: הָרַחֲמָן הוּא יִתְבָּרַךְ בַּשָּׁמַיִם וּבָאָרֶץ: הָרַחֲמָן הוּא יִשְׁתַּבַּח לְדוֹר דּוֹרִים וְיִתְפָּאַר בָּנוּ לָנֶצַח נְצָחִים וְיִתְהַדַּר בָּנוּ לָעַד וּלְעוֹלְמֵי עוֹלָמִים: הָרַחֲמָן הוּא יְפַרְנְסֵנוּ בְּכָבוֹד: הָרַחֲמָן הוּא יִשְׁבּוֹר עֻלֵּנוּ מֵעַל צַוָּארֵנוּ וְהוּא יוֹלִיכֵנוּ קוֹמְמִיּוּת לְאַרְצֵנוּ: הָרַחֲמָן הוּא יִשְׁלַח בְּרָכָה מְרֻבָּה בַּבַּיִת הַזֶּה וְעַל שֻׁלְחָן זֶה שֶׁאָכַלְנוּ עָלָיו: הָרַחֲמָן הוּא יִשְׁלַח לָנוּ אֶת אֵלִיָּהוּ הַנָּבִיא זָכוּר

May the All-Merciful reign over us, for ever and ever! May the All-Merciful be blessed in heaven and on earth! May the All-Merciful be praised for all generations, and may He be glorified through us for all ages, and exalted through us for ever, and for all eternity! May the All-Merciful grant us honourable sustenance! May the All-Merciful break the yoke from off our neck, and may He lead us upright to our land! May the All-Merciful send

לַטּוֹב וִיבַשֶּׂר־לָנוּ בְּשׂוֹרוֹת טוֹבוֹת יְשׁוּעוֹת וְנֶחָמוֹת: הָרַחֲמָן הוּא יְבָרֵךְ אֶת אָבִי מוֹרִי בַּעַל הַבַּיִת הַזֶּה וְאֶת אִמִּי מוֹרָתִי בַּעֲלַת הַבַּיִת הַזֶּה אוֹתָם וְאֶת בֵּיתָם וְאֶת זַרְעָם וְאֶת כָּל אֲשֶׁר לָהֶם (ואם הוא נשוי אומר) אוֹתִי וְאֶת אִשְׁתִּי וְאֶת זַרְעִי וְאֶת כָּל אֲשֶׁר לִי אוֹתָנוּ וְאֶת כָּל אֲשֶׁר לָנוּ כְּמוֹ שֶׁנִּתְבָּרְכוּ אֲבוֹתֵינוּ אַבְרָהָם יִצְחָק וְיַעֲקֹב בַּכֹּל מִכֹּל כֹּל כֵּן יְבָרֵךְ אוֹתָנוּ כֻּלָּנוּ יַחַד בִּבְרָכָה שְׁלֵמָה וְנֹאמַר אָמֵן:

an ample blessing to this house, and upon this table whereon we have eaten! May the All-Merciful send us Elijah the Prophet (may he be remembered for good!), who shall proclaim us good tidings, salvation and comfort. May the All-Merciful bless all that sit here — them, their households, their offspring, and all that is theirs: us, and all that is ours. As our fathers Abraham, Isaac, and Jacob were blessed 'in all' (*Gen.* xxiv, 1), 'of all' (xxvii, 33), 'in respect of all' (xxxiii, 11) so may He bless us all together with a perfect blessing: and let us say, Amen!

בַּמָּרוֹם יְלַמְּדוּ עֲלֵיהֶם וְעָלֵינוּ זְכוּת שֶׁתְּהִי לְמִשְׁמֶרֶת שָׁלוֹם וְנִשָּׂא בְרָכָה מֵאֵת יְיָ וּצְדָקָה מֵאֱלֹהֵי יִשְׁעֵנוּ: וְנִמְצָא חֵן וְשֵׂכֶל טוֹב בְּעֵינֵי אֱלֹהִים וְאָדָם:

Upon high, may there be pleaded merit for us, which shall be for a store of peace: and may we receive a blessing from the Lord, and righteousness from the God of our salvation, so that we may find grace and good understanding in the sight of God and man!

On Sabbath say: בשבת מוסיפים

הָרַחֲמָן הוּא יַנְחִילֵנוּ יוֹם שֶׁכֻּלּוֹ שַׁבָּת וּמְנוּחָה לְחַיֵּי הָעוֹלָמִים:

(May the All-Merciful cause us to inherit that day which shall be altogether Sabbath and repose, in life everlasting!)

הָרַחֲמָן

הוּא יַנְחִילֵנוּ לְיוֹם שֶׁכֻּלּוֹ טוֹב לְיוֹם שֶׁכֻּלּוֹ אָרוּךְ לְיוֹם שֶׁהַצַּדִּיקִים יוֹשְׁבִים וְעַטְרוֹתֵיהֶם בְּרָאשֵׁיהֶם וְנֶהֱנִים מִזִּיו הַשְּׁכִינָה וִיהְיֶה חֶלְקֵנוּ עִמָּהֶם:

May the All-Merciful cause us to inherit that day which shall be altogether Holy-Day! May the All-Merciful make us worthy of the days of the Messiah and the life of the world to come!

הָרַחֲמָן

הוּא יַנְחִילֵנוּ יוֹם שֶׁכֻּלּוֹ טוֹב: הָרַחֲמָן הוּא יְזַכֵּנוּ לִימוֹת הַמָּשִׁיחַ וּלְחַיֵּי הָעוֹלָם הַבָּא: מִגְדּוֹל יְשׁוּעוֹת מַלְכּוֹ וְעֹשֶׂה חֶסֶד לִמְשִׁיחוֹ לְדָוִד וּלְזַרְעוֹ עַד עוֹלָם: עֹשֶׂה שָׁלוֹם בִּמְרוֹמָיו הוּא יַעֲשֶׂה שָׁלוֹם עָלֵינוּ וְעַל כָּל יִשְׂרָאֵל וְאִמְרוּ אָמֵן:

'He is a tower of deliverance to His king, and sheweth lovingkindness to His anointed, to David and to his seed, for evermore!' (*II Sam.* XXII, 51). He who maketh peace in His high places, may He make peace for us and for all Israel: and say ye, Amen!

יְראוּ אֶת יְיָ קְדשָׁיו כִּי אֵין מַחְסוֹר לִירֵאָיו: כְּפִירִים רָשׁוּ וְרָעֵבוּ וְדֹרְשֵׁי יְיָ לֹא יַחְסְרוּ כָל־טוֹב: הוֹדוּ לַיְיָ כִּי טוֹב כִּי לְעוֹלָם חַסְדּוֹ: פּוֹתֵחַ אֶת־יָדֶךָ וּמַשְׂבִּיעַ לְכָל־חַי רָצוֹן: בָּרוּךְ הַגֶּבֶר אֲשֶׁר יִבְטַח בַּיְיָ וְהָיָה יְיָ מִבְטַחוֹ: נַעַר הָיִיתִי גַּם־זָקַנְתִּי וְלֹא־רָאִיתִי צַדִּיק נֶעֱזָב וְזַרְעוֹ מְבַקֶּשׁ־לָחֶם: יְיָ עֹז לְעַמּוֹ יִתֵּן יְיָ יְבָרֵךְ אֶת־עַמּוֹ בַשָּׁלוֹם:

'Fear the Lord, ye His saints, for there is no want to them that fear Him. The young lions do lack, and suffer hunger, but they that seek the Lord shall not want any good thing' (*Ps.* XXXIV, 9-10). 'O give thanks unto the Lord, for He is good, for His mercy endureth for ever' (*Ps.* CXVIII, 1). 'Thou openest Thy hand and satisfiest every living thing with favour' (*Ps.* CXLV, 16). 'Blessed is the man that trusteth in the Lord, and whose trust the Lord is' (*Ps.* XL, 4). 'I have been young and now am old; yet have I not seen the righteous forsaken nor his seed begging their bread' (*Ps.* XXXVII, 25). 'The Lord will give strength unto His people: the Lord will bless His people with peace' (*Ps.* XXIX, 11).

וַנִּסַּע מֵחֹרֵב וַנֵּלֶךְ אֵת כָּל־הַמִּדְבָּר הַגָּדוֹל וְהַנּוֹרָא הַהוּא - - - וַנָּבֹא עַד קָדֵשׁ בַּרְנֵעַ (דברים א, יט)

קדש ברנע - שם אזור המעינות במדבר צין, שבמרכזו עין קודירת (בתמונה) המעין השופע ביותר.

So we journeyed from Horeb and we went through all that great and fearful wilderness... and we came to Kadesh Barnea. (*Deuteronomy* I, 19)
Kadesh Barnea is the name of a spring in the Wilderness of Zin, in the centre of which is Ein Qudeirat (in picture), the richest spring of the vicinity.

בָּרוּךְ אַתָּה יְיָ אֱלֹהֵינוּ מֶלֶךְ הָעוֹלָם בּוֹרֵא פְּרִי הַגָּפֶן:

Blessed art Thou, O Lord, our God, King of the Universe, Creator of the fruit of the vine.

שותים כוס שלישית בהסבה לצד שמאל.
Drink the third goblet leaning to the left.

מוזגים כוס רביעית וכוס לאליהו הנביא, פותחים הדלת ואומרים:
Fill the fourth goblet and the Goblet of Elijah. Open the door and say:

הלל
HALLEL

כוס אליהו הנביא, אוסטריה, המאה הי״ט.

Goblet of Elijah the Prophet, Austria, 19th Century.

53

שְׁפֹךְ

חֲמָתְךָ אֶל־הַגּוֹיִם
אֲשֶׁר לֹא־יְדָעוּךָ וְעַל־מַמְלָכוֹת
אֲשֶׁר בְּשִׁמְךָ לֹא קָרָאוּ: כִּי־אָכַל
אֶת־יַעֲקֹב וְאֶת־נָוֵהוּ הֵשַׁמּוּ:
שְׁפָךְ־עֲלֵיהֶם זַעְמֶךָ וַחֲרוֹן אַפְּךָ
יַשִּׂיגֵם: תִּרְדֹּף בְּאַף וְתַשְׁמִידֵם
מִתַּחַת שְׁמֵי יְיָ:

H53
'Pour out Thy wrath upon the heathen that have not known Thee, and upon the kingdoms that have not called upon Thy Name: for they have devoured Jacob and laid waste his dwelling place' (Ps. LXXIX, 6). 'Pour out upon them Thy indignation and let Thy fierce anger overtake them' (Ps. LXIX, 25). 'Pursue them in wrath and destroy them from under the heavens of the Lord' (Lam. III, 66).

Close the door.

Thus saith the Lord, Do not study the ways of the Gentile and have no fear of the signs of the heavens even though the Gentiles do fear them. (*Jeremiah* x, 2)
Akhenaton King of Egypt and his wife Nefertiti offer sacrifice to the Sun-god. Relief from the Temple of Aton at El Amarna, 14th Century B.C.E.

סוגרים את הדלת

כֹּה אָמַר יְהוָה אֶל־דֶּרֶךְ הַגּוֹיִם אַל־תִּלְמָדוּ וּמֵאֹתוֹת
הַשָּׁמַיִם אַל־תֵּחָתּוּ כִּי־יֵחַתּוּ הַגּוֹיִם מֵהֵמָּה (ירמיה י, ב)

אחנאתון, מלך מצרים, ואשתו נפרטיטי, מקריבים
קרבן לאל השמש. תבליט ממקדש אתון באל־
עמרנה. מהמאה הי״ד לפה״ס.

Opposite the Red Sea between Paran and Tofel and Lavan and Hatzerot and *Di Zahav*. (*Deuteronomy* I, 1)

Di Zahav, a station of the Children of Israel during their wanderings in the Wilderness. Discoveries made in Sinai during "Operation Kadesh" have led to the identification of *Di Zahav* with the oasis Dahab (shown above) near the Red Sea, on the south-east coast of the Sinai Peninsula.

מוֹל סוּף בֵּין־פָּארָן וּבֵין־תֹּפֶל וְלָבָן וַחֲצֵרֹת וְדִי זָהָב (דברים א, א)

די זהב, אחת מתחנות בני ישראל בדרך נדודיהם במדבר. לאור תגליות סיני בימי מבצע "קדש" מזהים את די זהב עם נווה המדבר דהב (בתמונה), שעל שפת ים-סוף, בדרום חצי-האי סיני המזרחי.

לֹא לָנוּ יְיָ לֹא לָנוּ כִּי לְשִׁמְךָ תֵּן כָּבוֹד עַל־חַסְדְּךָ עַל־אֲמִתֶּךָ: לָמָּה יֹאמְרוּ הַגּוֹיִם אַיֵּה־נָא אֱלֹהֵיהֶם: וֵאלֹהֵינוּ בַשָּׁמָיִם כֹּל אֲשֶׁר־חָפֵץ עָשָׂה: עֲצַבֵּיהֶם כֶּסֶף וְזָהָב מַעֲשֵׂה יְדֵי אָדָם: פֶּה־לָהֶם וְלֹא יְדַבֵּרוּ עֵינַיִם לָהֶם וְלֹא יִרְאוּ: אָזְנַיִם לָהֶם וְלֹא יִשְׁמָעוּ אַף לָהֶם וְלֹא יְרִיחוּן: יְדֵיהֶם וְלֹא יְמִישׁוּן רַגְלֵיהֶם וְלֹא יְהַלֵּכוּ לֹא־יֶהְגּוּ בִּגְרוֹנָם: כְּמוֹהֶם יִהְיוּ עֹשֵׂיהֶם כֹּל אֲשֶׁר־בֹּטֵחַ בָּהֶם: יִשְׂרָאֵל בְּטַח בַּיְיָ עֶזְרָם וּמָגִנָּם הוּא: בֵּית אַהֲרֹן בִּטְחוּ בַיְיָ עֶזְרָם וּמָגִנָּם הוּא: יִרְאֵי יְיָ בִּטְחוּ בַיְיָ עֶזְרָם וּמָגִנָּם הוּא:

Ps. cxv. Not unto us, O Lord, but unto Thy Name give glory, for Thy lovingkindness and for Thy truth's sake. Wherefore should the nations say, Where, then, is their God? But our God is in the heavens, He doeth whatsoever He pleaseth. Their idols are silver and gold, the work of men's hands. They have mouths, but they speak not; eyes have they, but they see not. They have ears, but they hear not; noses have they, but they smell not. As for their hands, they touch not, as for their feet, they walk not; they give no sound through their throat. They that make them shall be like unto them; yea, everyone that trusteth in them. O Israel, trust thou in the Lord: He is their help and their shield. O house of Aaron, trust in the Lord: He is their help and their shield. Ye that fear the Lord, trust in the Lord: He is their help and their shield.

יְיָ זְכָרָנוּ יְבָרֵךְ יְבָרֵךְ אֶת־בֵּית יִשְׂרָאֵל יְבָרֵךְ אֶת־בֵּית אַהֲרֹן: יְבָרֵךְ יִרְאֵי יְיָ הַקְּטַנִּים עִם־הַגְּדֹלִים: יֹסֵף יְיָ עֲלֵיכֶם עֲלֵיכֶם וְעַל־בְּנֵיכֶם: בְּרוּכִים אַתֶּם לַייָ עֹשֵׂה שָׁמַיִם וָאָרֶץ: הַשָּׁמַיִם שָׁמַיִם לַייָ וְהָאָרֶץ נָתַן לִבְנֵי־אָדָם: לֹא־הַמֵּתִים יְהַלְלוּ־יָהּ וְלֹא כָּל־יֹרְדֵי דוּמָה: וַאֲנַחְנוּ נְבָרֵךְ יָהּ מֵעַתָּה וְעַד־עוֹלָם הַלְלוּיָהּ:

The Lord hath been mindful of us: He will bless, He will bless the house of Israel; He will bless the house of Aaron. He will bless them that fear the Lord, both small and great. May the Lord increase you, you and your children. Blessed are ye of the Lord, who made heaven and earth. The heavens are the heavens of the Lord; but the earth hath He given to the children of men. The dead praise not the Lord, neither any that go down in silence; but we will bless the Lord from this time forth and for evermore. Praise ye the Lord.

אָהַבְתִּי כִּי־יִשְׁמַע יְיָ אֶת־קוֹלִי תַּחֲנוּנָי: כִּי־הִטָּה אָזְנוֹ לִי וּבְיָמַי אֶקְרָא: אֲפָפוּנִי חֶבְלֵי־מָוֶת וּמְצָרֵי שְׁאוֹל מְצָאוּנִי צָרָה וְיָגוֹן אֶמְצָא: וּבְשֵׁם יְיָ־אֶקְרָא אָנָּא יְיָ מַלְּטָה נַפְשִׁי: חַנּוּן יְיָ וְצַדִּיק וֵאלֹהֵינוּ מְרַחֵם: שֹׁמֵר פְּתָאִים יְיָ דַּלֹּתִי וְלִי יְהוֹשִׁיעַ: שׁוּבִי נַפְשִׁי לִמְנוּחָיְכִי כִּי יְיָ גָּמַל עָלָיְכִי: כִּי חִלַּצְתָּ נַפְשִׁי מִמָּוֶת אֶת־עֵינִי מִן־דִּמְעָה אֶת־רַגְלִי מִדֶּחִי: אֶתְהַלֵּךְ לִפְנֵי יְיָ בְּאַרְצוֹת הַחַיִּים: הֶאֱמַנְתִּי כִּי אֲדַבֵּר אֲנִי עָנִיתִי מְאֹד: אֲנִי אָמַרְתִּי בְחָפְזִי כָּל־הָאָדָם כֹּזֵב:

Ps. CXVI. I love the Lord, because He heareth my voice and my supplications. Because He hath inclined His ear unto me, therefore will I call upon Him as long as I live. The cords of death had encompassed me, and the straits of the grave had come upon me: I found trouble and sorrow. Then I called upon the Name of the Lord: O Lord, I beseech Thee, deliver my soul. Gracious is the Lord and righteous: yea, our God is merciful. The Lord guardeth the simple: I was brought low, and He saved me. Return unto thy rest, O my soul; for the Lord hath dealt bountifully with thee. For Thou hast delivered my soul from death, mine eyes from tears, my feet from falling. I shall walk before the Lord in the land of the living. I kept my faith in God even when I spake, I am greatly afflicted; even when I said in my haste, All men are liars.

מָה־אָשִׁיב לַייָ כָּל־תַּגְמוּלוֹהִי עָלָי: כּוֹס־יְשׁוּעוֹת אֶשָּׂא וּבְשֵׁם יְיָ אֶקְרָא: נְדָרַי לַייָ אֲשַׁלֵּם נֶגְדָה־נָּא לְכָל־עַמּוֹ: יָקָר בְּעֵינֵי יְיָ הַמָּוְתָה לַחֲסִידָיו: אָנָּה יְיָ כִּי־אֲנִי עַבְדֶּךָ אֲנִי עַבְדְּךָ בֶּן־אֲמָתֶךָ פִּתַּחְתָּ לְמוֹסֵרָי: לְךָ־אֶזְבַּח זֶבַח תּוֹדָה וּבְשֵׁם יְיָ אֶקְרָא: נְדָרַי לַייָ אֲשַׁלֵּם נֶגְדָה־נָּא לְכָל־עַמּוֹ: בְּחַצְרוֹת בֵּית יְיָ בְּתוֹכֵכִי יְרוּשָׁלָיִם הַלְלוּיָהּ:

הַלְלוּ אֶת־יְיָ כָּל־גּוֹיִם שַׁבְּחוּהוּ כָּל־הָאֻמִּים: כִּי גָבַר עָלֵינוּ חַסְדּוֹ וֶאֱמֶת־יְיָ לְעוֹלָם הַלְלוּיָהּ:

What can I render unto the Lord for all His benefits towards me? I will lift the cup of salvation, and call upon the Name of the Lord. I will pay my vows unto the Lord, yea, in the presence of all His people. Precious in the sight of the Lord is the death of His loving ones. Ah, Lord, truly I am Thy servant: I am Thy servant, the son, of Thy handmaid; Thou hast loosed my bonds. I will offer to Thee the sacrifice of thanksgiving, and will call upon the Name of the Lord. I will pay my vows unto the Lord, yea, in the presence of all His people; in the courts of the Lord's house, in the midst of thee, O Jerusalem. Praise ye the Lord.

Ps. CXVII. O praise the Lord, all ye nations; laud Him, all ye peoples; for His lovingkindness is mighty over us, and the truth of the Lord endureth for ever. Praise ye the Lord.

הוֹדוּ לַייָ כִּי־טוֹב	כִּי לְעוֹלָם חַסְדּוֹ:
יֹאמַר־נָא יִשְׂרָאֵל	כִּי לְעוֹלָם חַסְדּוֹ:
יֹאמְרוּ־נָא בֵית־אַהֲרֹן	כִּי לְעוֹלָם חַסְדּוֹ:
יֹאמְרוּ־נָא יִרְאֵי יְיָ	כִּי לְעוֹלָם חַסְדּוֹ:

Ps. CXVIII. O give thanks unto the Lord;

for He is good:	for His lovingkindness endureth for ever.
O let Israel say,	that His lovingkindness endureth for ever.
O let the house of Aaron say,	that His lovingkindness endureth for ever.
O let them that fear the Lord say,	that His lovingkindness endureth for ever.

מִדֶּרֶךְ הָעֲרָבָה מֵאֵילַת
וּמֵעֶצְיֹן גָּבֶר (דברים ב, ח)

את עציון גבר מימי יציאת מצרים יש לחפש בקרבת נמל שלמה, הנקרא באו־תו שם. נמל זה נתגלה באחרונה דרומה מאילת החדשה בקרבת טבה, הנראית בתמונה, וכנראה יש לזהות את עציון גבר של מסעי בני ישראל עם נווה־מדבר זה.

Ezion Geber of the time of the Exodus has to be sought in the neighbourhood of the Port of Solomon which now bears that name. This port has recently been discovered south of modern Eilat not far from Taba, shown here. It seems that the Ezion Geber of the wandering Children of Israel should be identified with this oasis.

אילת החדשה (בתמונה), לא ירשה את מקומה המ־דויק של אילת מימי מסעי בני ישראל. מקומה של אילת הקדומה, כנראה בצד המזרחי של מפרץ אילת, בקרבת עקבה של ימינו.

Modern Eilat (in the picture) is not on the precise site of Elat in the days when the Children of Israel wandered through the Wilderness. It seems that ancient Eilat was on the eastern shore of the Gulf of Eilat, near present-day Akaba.

מִן־הַמֵּצַר קָרָאתִי יָּהּ עָנָנִי בַמֶּרְחָב יָהּ: יְיָ לִי לֹא אִירָא מַה־יַּעֲשֶׂה לִי אָדָם: יְיָ לִי בְּעֹזְרָי וַאֲנִי אֶרְאֶה בְשֹׂנְאָי:
טוֹב לַחֲסוֹת בַּייָ מִבְּטֹחַ בָּאָדָם: טוֹב לַחֲסוֹת בַּייָ מִבְּטֹחַ בִּנְדִיבִים: כָּל־גּוֹיִם סְבָבוּנִי בְּשֵׁם יְיָ כִּי אֲמִילַם: סַבּוּנִי
גַם־סְבָבוּנִי בְּשֵׁם יְיָ כִּי אֲמִילַם: סַבּוּנִי כִדְבֹרִים דֹּעֲכוּ כְּאֵשׁ קוֹצִים בְּשֵׁם יְיָ כִּי אֲמִילַם: דָּחֹה דְחִיתַנִי לִנְפֹּל וַייָ

Out of my straitness I called upon the Lord: the Lord answered me with enlargement. The Lord is for me, I will not fear: what can man do unto me? The Lord is for me among them that help me; therefore shall I see my desire on them that hate me. It is better to trust in the Lord than to confide in man. It is better to trust in the Lord than to confide in princes. All nations compassed me about: in the Name of the Lord I surely cut them down. They compassed me about; yea, they compassed me about: in the Name of the Lord I surely cut them down. They compassed me about like bees — they were extinguished as a fire of thorns — in the Name of the Lord I surely cut them down. Thou didst thrust sore at me that I might fall: but the Lord helped me. The Lord is my strength and song; and He is become my salvation. The voice of exulting and salvation is in the tents of the righteous: the right hand of the Lord doeth valiantly.

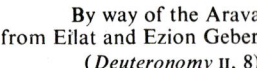

By way of the Arava from Eilat and Ezion Geber (*Deuteronomy* II, 8)

הגבול הדרומי של ארץ כנען עבר מקצהו הדרומי של ים המלח לקדש ברנע, בחלקו לאורך נחל צין. לרגלי "מעלה העקרבים" (במדבר לד, ד) נובע המעין עין עק־רבים (בתמונה).

The southern border of the Land of Canaan passed from the southern limits of the Dead Sea to Kadesh Barnea, and partly along the Wadi Zin. The Ein Akrabim spring (see picture) rises at the foot of the "Scorpion Ascent" or Maaleh Haakrabim (Numbers XXXIV, 4)

עֲזָרָנִי: עָזִּי וְזִמְרָת יָהּ וַיְהִי־לִי לִישׁוּעָה: קוֹל רִנָּה וִישׁוּעָה בְּאָהֳלֵי צַדִּיקִים יְמִין יְיָ עֹשָׂה חָיִל: יְמִין יְיָ רוֹמֵמָה
יְמִין יְיָ עֹשָׂה חָיִל: לֹא־אָמוּת כִּי־אֶחְיֶה וַאֲסַפֵּר מַעֲשֵׂי יָהּ: יַסֹּר יִסְּרַנִּי יָּהּ וְלַמָּוֶת לֹא נְתָנָנִי: פִּתְחוּ־לִי שַׁעֲרֵי־צֶדֶק
אָבֹא־בָם אוֹדֶה יָהּ: זֶה־הַשַּׁעַר לַייָ צַדִּיקִים יָבֹאוּ בוֹ: אוֹדְךָ כִּי עֲנִיתָנִי וַתְּהִי־לִי לִישׁוּעָה: אֶבֶן מָאֲסוּ הַבּוֹנִים הָיְתָה
לְרֹאשׁ פִּנָּה: מֵאֵת יְיָ הָיְתָה זֹּאת הִיא נִפְלָאת בְּעֵינֵינוּ: זֶה־הַיּוֹם עָשָׂה יְיָ נָגִילָה וְנִשְׂמְחָה בוֹ:

The right hand of the Lord is exalted: the right hand of the Lord doeth valiantly. I shall not die but live, and recount the works of the Lord. The Lord hath chastened me sore: but He hath not given me over unto death. Open to me the gates of righteousness: I will enter into them, I will give thanks unto the Lord. This is the gate of the Lord: the righteous may enter into it.

I will give thanks unto Thee, for Thou hast answered unto me, and art become my salvation. The stone which the builders rejected is become the headstone of the corner. This was the Lord's doing; it is marvellous in our eyes. This is the day which the Lord hath made; we will be glad and rejoice thereon.

אָנָּא יְיָ הוֹשִׁיעָה נָּא   אָנָּא יְיָ הוֹשִׁיעָה נָּא:

אָנָּא יְיָ הַצְלִיחָה נָא   אָנָּא יְיָ הַצְלִיחָה נָא:

בָּרוּךְ הַבָּא בְּשֵׁם יְיָ בֵּרַכְנוּכֶם מִבֵּית יְיָ: ברוך אֵל יְיָ וַיָּאֶר לָנוּ אִסְרוּ־חַג בַּעֲבֹתִים עַד־קַרְנוֹת הַמִּזְבֵּחַ: אל
אֵלִי אַתָּה וְאוֹדֶךָּ אֱלֹהַי אֲרוֹמְמֶךָּ: אלי הוֹדוּ לַיְיָ כִּי־טוֹב כִּי לְעוֹלָם חַסְדּוֹ: הודו

The name "Israel" first appears in an Egyptian inscription of 1220 B.C.E. This shows that the tribes of Israel had already settled in the Land of Israel by then.
The name "Israel", inscribed in hieroglyphics on a stele set up by Pharaoh Mernephtah.

בשנת 1220 לפה"ס מופיע השם ישראל לראשונה בתעודה מצרית - עדות שבני ישראל כבר התנחלו בתקופה האמורה בארץ. השם ישראל נחרט בכתב הירוגליפים באסטלה של פרעה מרנפתח.

Save, we beseech Thee, O Lord: Save, we beseech Thee, O Lord.
We beseech Thee, O Lord, send prosperity: We beseech Thee, O Lord, send prosperity.
Blessed be he that cometh in the Name of the Lord: we bless you out of the house of the Lord. The Lord is God, He hath given us light: bind the festal offerings with cords, even unto the horns of the altar. Thou art my God, and I will give thanks unto Thee: Thou art my God, I will exalt Thee. O give thanks unto the Lord; for He is good: for His lovingkindness endureth for ever.

"וילכו בני־ישראל איש לנחלתו לרשת את־הארץ"
(שופטים ב, 6)
"And the Children of Israel went each man to his own portion in order to inherit the land." (*Judges* II, 6)
התנחלות השבטים
בארץ ישראל
SETTLEMENT OF THE TRIBES
IN THE LAND OF ISRAEL
ארם
ARAM
אשר
Asher
נפתלי
Naphtali
מנשה
Manasseh
זבולון
Zebulun
יששכר
Issachar
הים הגדול
GREAT SEA
מנשה
Manasseh
גד
Gad
אפרים
Ephraim
דן
Dan
עמון
AMMON
בנימין
Benjamin
פלשת
Philistines
ראובן
Reuben
יהודה
Judah
שמעון
Simeon
מואב
MOAB
אדום
EDOM

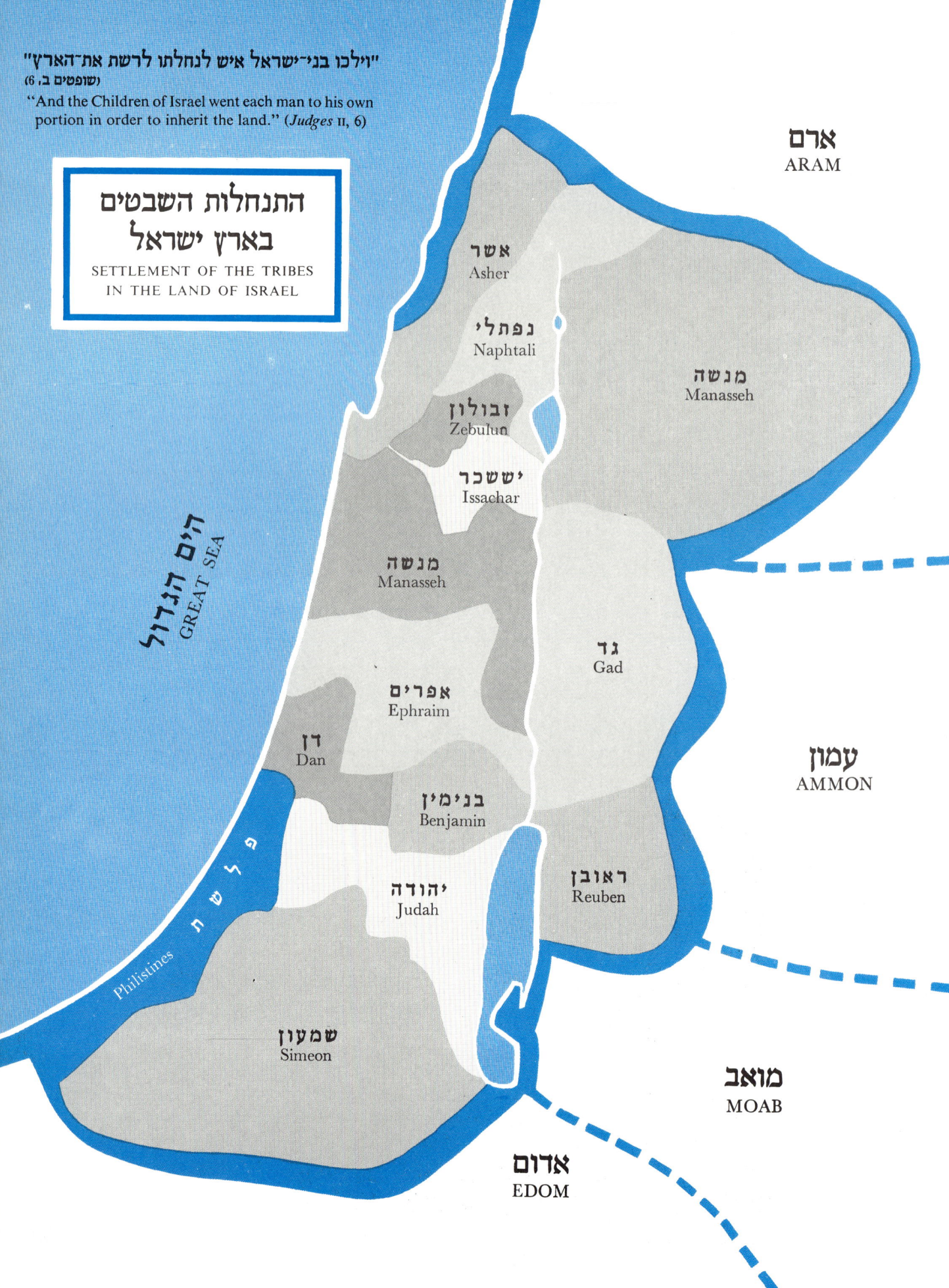

וַיֵּרֶד בָּרָק מֵהַר תָּבוֹר
וַעֲשֶׂרֶת אֲלָפִים אִישׁ אַחֲרָיו

(שופטים ד, יד)

הר תבור, נקודת מפגש גבולות לשלושה אזורי התנחלות של שבטי ישראל.

And Barak came down from Mount Tabor with ten thousand men following him. (*Judges* IV, 14)
Mount Tabor, meeting-point of three tribal areas in the Land of Israel.

שְׁמַע יִשְׂרָאֵל אַתָּה עֹבֵר
הַיּוֹם אֶת־הַיַּרְדֵּן

(דברים ט, א)

הירדן מדרום לכנרת.

Hear O Israel, this day you pass over the Jordan. (*Deuteronomy* IX, 1)
The Jordan south of Lake Kinneret.

יְהַלְלוּךָ יְיָ אֱלֹהֵינוּ כָּל מַעֲשֶׂיךָ. וַחֲסִידֶיךָ צַדִּיקִים עוֹשֵׂי רְצוֹנֶךָ וְכָל עַמְּךָ בֵּית יִשְׂרָאֵל
בְּרִנָּה יוֹדוּ וִיבָרְכוּ וִישַׁבְּחוּ וִיפָאֲרוּ וִירוֹמְמוּ וְיַעֲרִיצוּ וְיַקְדִּישׁוּ וְיַמְלִיכוּ אֶת שִׁמְךָ מַלְכֵּנוּ
כִּי לְךָ טוֹב לְהוֹדוֹת וּלְשִׁמְךָ נָאֶה לְזַמֵּר
כִּי מֵעוֹלָם וְעַד עוֹלָם אַתָּה אֵל:

הוֹדוּ לַייָ כִּי טוֹב כִּי לְעוֹלָם חַסְדּוֹ:
הוֹדוּ לֵאלֹהֵי הָאֱלֹהִים כִּי לְעוֹלָם חַסְדּוֹ:
הוֹדוּ לַאֲדֹנֵי הָאֲדֹנִים כִּי לְעוֹלָם חַסְדּוֹ:
לְעֹשֵׂה נִפְלָאוֹת גְּדֹלוֹת לְבַדּוֹ כִּי לְעוֹלָם חַסְדּוֹ:
לְעֹשֵׂה הַשָּׁמַיִם בִּתְבוּנָה כִּי לְעוֹלָם חַסְדּוֹ:
לְרוֹקַע הָאָרֶץ עַל הַמָּיִם כִּי לְעוֹלָם חַסְדּוֹ:
לְעֹשֵׂה אוֹרִים גְּדֹלִים כִּי לְעוֹלָם חַסְדּוֹ:
אֶת־הַשֶּׁמֶשׁ לְמֶמְשֶׁלֶת בַּיּוֹם כִּי לְעוֹלָם חַסְדּוֹ:
אֶת־הַיָּרֵחַ וְכוֹכָבִים לְמֶמְשְׁלוֹת בַּלָּיְלָה כִּי לְעוֹלָם חַסְדּוֹ:
לְמַכֵּה מִצְרַיִם בִּבְכוֹרֵיהֶם כִּי לְעוֹלָם חַסְדּוֹ:
וַיּוֹצֵא יִשְׂרָאֵל מִתּוֹכָם כִּי לְעוֹלָם חַסְדּוֹ:
בְּיָד חֲזָקָה וּבִזְרוֹעַ נְטוּיָה כִּי לְעוֹלָם חַסְדּוֹ:
לְגֹזֵר יַם־סוּף לִגְזָרִים כִּי לְעוֹלָם חַסְדּוֹ:
וְהֶעֱבִיר יִשְׂרָאֵל בְּתוֹכוֹ כִּי לְעוֹלָם חַסְדּוֹ:
וְנִעֵר פַּרְעֹה וְחֵילוֹ בְיַם־סוּף כִּי לְעוֹלָם חַסְדּוֹ:
לְמוֹלִיךְ עַמּוֹ בַּמִּדְבָּר כִּי לְעוֹלָם חַסְדּוֹ:
לְמַכֵּה מְלָכִים גְּדֹלִים כִּי לְעוֹלָם חַסְדּוֹ:
וַיַּהֲרֹג מְלָכִים אַדִּירִים כִּי לְעוֹלָם חַסְדּוֹ:
לְסִיחוֹן מֶלֶךְ הָאֱמֹרִי כִּי לְעוֹלָם חַסְדּוֹ:
וּלְעוֹג מֶלֶךְ הַבָּשָׁן כִּי לְעוֹלָם חַסְדּוֹ:
וְנָתַן אַרְצָם לְנַחֲלָה כִּי לְעוֹלָם חַסְדּוֹ:
נַחֲלָה לְיִשְׂרָאֵל עַבְדּוֹ כִּי לְעוֹלָם חַסְדּוֹ:
שֶׁבְּשִׁפְלֵנוּ זָכַר לָנוּ כִּי לְעוֹלָם חַסְדּוֹ:
וַיִּפְרְקֵנוּ מִצָּרֵינוּ כִּי לְעוֹלָם חַסְדּוֹ:
נוֹתֵן לֶחֶם לְכָל בָּשָׂר כִּי לְעוֹלָם חַסְדּוֹ:
הוֹדוּ לְאֵל הַשָּׁמָיִם כִּי לְעוֹלָם חַסְדּוֹ:

All Thy works shall praise Thee, O Lord, our God: and Thy pious ones, the just who do Thy will, and all the house of Israel shall thank and bless and praise and glorify and exalt and reverence and sanctify and ascribe sovereignty to Thy Name, O our King, in song. For it is good to give thanks unto Thee, and becoming to sing praises to Thy Name: for from everlasting unto everlasting Thou art God.

Ps. CXXXVI. O give thanks unto the Lord; for He is good:
for His lovingkindness endureth for ever.
O give thanks unto the God of gods:
for His lovingkindness endureth for ever.
O give thanks unto the Lord of lords:
for His lovingkindness endureth for ever.
To Him who alone doeth great marvels:
for His lovingkindness endureth for ever.
To Him that by understanding made the heavens:
for His lovingkindness endureth for ever.
To Him that spread forth the earth above the waters:
for His lovingkindness endureth for ever.
To Him that made great lights:
for His lovingkindness endureth for ever.
The sun to rule by day:
for His lovingkindness endureth for ever.
The moon and the stars to rule by night:
for His lovingkindness endureth for ever.
To Him that smote the Egyptians in their first-born:
for His lovingkindness endureth for ever.
And brought out Israel from among them:
for His lovingkindness endureth for ever.
With a strong hand and a stretched — out arm:
for His lovingkindness endureth for ever.
To Him who parted the Red Sea in sunder:
for His lovingkindness endureth for ever.
And made Israel to pass through the midst of it:
for His lovingkindness endureth for ever.
But overthrew Pharaoh and his host in the Red Sea:
for His lovingkindness endureth for ever.
To Him who led His people through the wilderness:
for His lovingkindness endureth for ever.
To Him who smote great kings:
for His lovingkindness endureth for ever.
And slew mighty kings:
for His lovingkindness endureth for ever.
Sihon king of the Amorites:
for His lovingkindness endureth for ever.
And Og king of Bashan:
for His lovingkindness endureth for ever.
And gave their land for an heritage:
for His lovingkindness endureth for ever.
Even an heritage unto Israel His servant:
for His lovingkindness endureth for ever.
Who remembered us in our low estate:
for His lovingkindness endureth for ever.
And hath released us from our adversaries:
for His lovingkindness endureth for ever.
He giveth food to all flesh:
for His lovingkindness endureth for ever.
O give thanks unto the God of heaven:
for His lovingkindness endureth for ever.

נִשְׁמַת כָּל־חַי תְּבָרֵךְ אֶת־שִׁמְךָ יְיָ אֱלֹהֵינוּ

וְרוּחַ כָּל־בָּשָׂר תְּפָאֵר וּתְרוֹמֵם זִכְרְךָ מַלְכֵּנוּ תָּמִיד. מִן הָעוֹלָם וְעַד־הָעוֹלָם אַתָּה אֵל. וּמִבַּלְעָדֶיךָ אֵין
לָנוּ מֶלֶךְ גּוֹאֵל וּמוֹשִׁיעַ פּוֹדֶה וּמַצִּיל וּמְפַרְנֵס וּמְרַחֵם בְּכָל־עֵת צָרָה וְצוּקָה. אֵין לָנוּ מֶלֶךְ אֶלָּא אָתָּה:
אֱלֹהֵי הָרִאשׁוֹנִים וְהָאַחֲרוֹנִים. אֱלוֹהַּ כָּל־בְּרִיּוֹת אֲדוֹן כָּל־תּוֹלָדוֹת הַמְהֻלָּל בְּרֹב הַתִּשְׁבָּחוֹת הַמְנַהֵג עוֹלָמוֹ
בְּחֶסֶד וּבְרִיּוֹתָיו בְּרַחֲמִים. וַיְיָ לֹא־יָנוּם וְלֹא־יִישָׁן. הַמְעוֹרֵר יְשֵׁנִים וְהַמֵּקִיץ נִרְדָּמִים. וְהַמֵּשִׂיחַ אִלְּמִים.
וְהַמַּתִּיר אֲסוּרִים. וְהַסּוֹמֵךְ נוֹפְלִים וְהַזּוֹקֵף כְּפוּפִים. לְךָ לְבַדְּךָ אֲנַחְנוּ מוֹדִים. אִלּוּ פִינוּ מָלֵא שִׁירָה כַּיָּם
וּלְשׁוֹנֵנוּ רִנָּה כַּהֲמוֹן גַּלָּיו וְשִׂפְתוֹתֵינוּ שֶׁבַח כְּמֶרְחֲבֵי רָקִיעַ. וְעֵינֵינוּ מְאִירוֹת כַּשֶּׁמֶשׁ וְכַיָּרֵחַ. וְיָדֵינוּ פְרוּשׂוֹת
כְּנִשְׁרֵי שָׁמָיִם. וְרַגְלֵינוּ קַלּוֹת כָּאַיָּלוֹת. אֵין אֲנַחְנוּ מַסְפִּיקִים לְהוֹדוֹת לְךָ יְיָ אֱלֹהֵינוּ וֵאלֹהֵי אֲבוֹתֵינוּ. וּלְבָרֵךְ
אֶת־שְׁמֶךָ. עַל־אַחַת מֵאָלֶף אֶלֶף אַלְפֵי אֲלָפִים וְרִבֵּי רְבָבוֹת פְּעָמִים הַטּוֹבוֹת שֶׁעָשִׂיתָ עִם־אֲבוֹתֵינוּ וְעִמָּנוּ:
מִמִּצְרַיִם גְּאַלְתָּנוּ יְיָ אֱלֹהֵינוּ וּמִבֵּית עֲבָדִים פְּדִיתָנוּ. בְּרָעָב זַנְתָּנוּ. וּבְשָׂבָע כִּלְכַּלְתָּנוּ. מֵחֶרֶב הִצַּלְתָּנוּ.
וּמִדֶּבֶר מִלַּטְתָּנוּ וּמֵחֳלָיִם רָעִים וְנֶאֱמָנִים דִּלִּיתָנוּ: עַד־הֵנָּה עֲזָרוּנוּ רַחֲמֶיךָ. וְלֹא־עֲזָבוּנוּ חֲסָדֶיךָ. וְאַל־
תִּטְּשֵׁנוּ יְיָ אֱלֹהֵינוּ לָנֶצַח: עַל־כֵּן אֵבָרִים שֶׁפִּלַּגְתָּ בָּנוּ. וְרוּחַ וּנְשָׁמָה שֶׁנָּפַחְתָּ בְּאַפֵּנוּ וְלָשׁוֹן אֲשֶׁר שַׂמְתָּ בְּפִינוּ.
הֵן הֵם יוֹדוּ וִיבָרְכוּ וִישַׁבְּחוּ וִיפָאֲרוּ וִירוֹמְמוּ וְיַעֲרִיצוּ וְיַקְדִּישׁוּ וְיַמְלִיכוּ אֶת־שִׁמְךָ מַלְכֵּנוּ: כִּי כָל־פֶּה לְךָ
יוֹדֶה. וְכָל־לָשׁוֹן לְךָ תִשָּׁבַע וְכָל־בֶּרֶךְ לְךָ תִכְרַע. וְכָל־קוֹמָה לְפָנֶיךָ תִשְׁתַּחֲוֶה: וְכָל־לְבָבוֹת יִירָאוּךָ. וְכָל־
קֶרֶב וּכְלָיוֹת יְזַמְּרוּ לִשְׁמֶךָ. כַּדָּבָר שֶׁכָּתוּב כָּל עַצְמוֹתַי תֹּאמַרְנָה יְיָ מִי־כָמוֹךָ. מַצִּיל עָנִי מֵחָזָק מִמֶּנּוּ
וְעָנִי וְאֶבְיוֹן מִגֹּזְלוֹ:

מִי יִדְמֶה־לָּךְ וּמִי יִשְׁוֶה־לָּךְ וּמִי יַעֲרָךְ־לָךְ הָאֵל הַגָּדוֹל הַגִּבּוֹר וְהַנּוֹרָא אֵל עֶלְיוֹן קֹנֵה שָׁמַיִם וָאָרֶץ: נְהַלֶּלְךָ
וּנְשַׁבֵּחֲךָ וּנְפָאֶרְךָ וּנְבָרֵךְ אֶת־שֵׁם קָדְשֶׁךָ. כָּאָמוּר לְדָוִד בָּרְכִי נַפְשִׁי אֶת־יְיָ וְכָל־קְרָבַי אֶת־שֵׁם קָדְשׁוֹ:

The breath of all that lives shall praise Thy Name, O Lord, our God, and the spirit of all flesh shall glorify and exalt Thy remembrance, O our King. Continually, from everlasting to everlasting, Thou art God, and beside Thee we have no King who redeemeth and saveth, delivereth and protecteth, sustaineth and pitieth in all time of trouble and stress: we have no King but Thee. Thou art God of the first and of the last: God of all creatures, Lord of all generations, who is lauded with many praises, and who guideth His world with lovingkindness and His creatures with mercy. For the Lord neither slumbereth nor sleepeth: He awakeneth those that sleep and arouseth those that slumber, giveth speech to the dumb, looseneth the bound, supporteth the falling, and raiseth up the bowed. To Thee alone do we give thanks.

Even though our mouths were filled with song as the sea, and our tongues with joy as its multitude of waves, and our lips with praise as the expanse of the firmament: though our eyes were radiant as the sun and the moon and our hands were outspread as the wings of the eagles of heaven, and our feet were fleet as the hinds': we should yet be inadequate to thank Thee, O Lord, our God, and God of our Fathers, for one in a thousand of the many thousands of thousands and myriads of myriads of lovingkindnesses that Thou hast bestowed on our fathers and on us.

From Egypt didst Thou deliver us, O Lord, our God, and from the house of bondage didst Thou release us: in famine didst Thou feed us, and in plenty didst Thou sustain us: from the sword didst Thou deliver us, and from pestilence didst Thou protect us, and from sore and grievous sickness didst Thou withdraw us. Thus far Thy mercies have helped us, and Thy lovingkindnesses have not deserted us: O, forsake us not, O Lord, our God, for ever! Wherefore, the limbs which Thou hast formed in us, and the breath and spirit which Thou hast blown into our nostrils, and the tongue which Thou hast placed in our mouths — lo! they shall thank, bless, praise, glorify, extol, reverence, hallow, and ascribe sovereignty to Thy Name, O our King!

For to Thee every mouth shall give thanks, to Thee every tongue shall swear, to Thee every knee shall bend, and before Thee every stature shall bow down: Thee every heart shall fear, and unto Thy Name shall all men's inmost being sing praise; according to that which is written:

'All my bones shall say: O Lord, who is like unto Thee? which delivereth the poor from him that is too strong for him, yea, the poor and the needy from him that spoileth him?' (*Ps.* xxxv, 10)

Who is like unto Thee? who is equal unto Thee? who can be compared unto Thee? Thou great, mighty, and tremendous God, most high God, possessor of heaven and earth! We will praise Thee, laud Thee, glorify Thee, and bless Thy holy Name: as David said: 'Bless the Lord, O my soul; and all that is within me, bless His holy Name' (*Ps.* CIII, 1).

חומת ירושלים העתיקה ומאחוריה הר הבית, צפור הנפש של עם ישראל.

The old Wall of Jerusalem with the Temple Mount behind it. The most hallowed spot of Jewish history.

לְשָׁנָה הַבָּאָה בִּירוּשָׁלַיִם הַבְּנוּיָה!

Next year in the rebuilt Jerusalem!

הָאֵל בְּתַעֲצֻמוֹת עֻזֶּךָ: הַגָּדוֹל בִּכְבוֹד שְׁמֶךָ הַגִּבּוֹר לָנֶצַח וְהַנּוֹרָא בְּנוֹרְאוֹתֶיךָ:
הַמֶּלֶךְ הַיּוֹשֵׁב עַל כִּסֵּא רָם וְנִשָּׂא:
שׁוֹכֵן עַד מָרוֹם וְקָדוֹשׁ שְׁמוֹ. וְכָתוּב רַנְּנוּ צַדִּיקִים בַּיְיָ לַיְשָׁרִים נָאוָה תְהִלָּה:

O God! in the might of Thy power, great in the glory of Thy Name, mighty for ever, tremendous by Thy tremendous acts! O King, who sitteth upon a high and lofty throne!

He that abideth eternally, exalted and holy is His Name. It is written: 'Rejoice in the Lord, O ye righteous, for praise is comely for the upright' (*Ps.* XXXIII, 1).

בְּפִי יְשָׁרִים תִּתְהַלָּל.
וּבְדִבְרֵי צַדִּיקִים תִּתְבָּרַךְ.
וּבִלְשׁוֹן חֲסִידִים תִּתְרוֹמָם.
וּבְקֶרֶב קְדוֹשִׁים תִּתְקַדָּשׁ:

In the mouth of the upright shalt Thou be praised: with the words of the righteous shalt Thou be blessed: by the tongue of the pious shalt Thou be extolled: and in the inmost being of the holy shalt Thou be hallowed.

וּבְמַקְהֲלוֹת רִבְבוֹת עַמְּךָ בֵּית יִשְׂרָאֵל בְּרִנָּה יִתְפָּאַר שִׁמְךָ מַלְכֵּנוּ בְּכָל־דּוֹר וָדוֹר. שֶׁכֵּן חוֹבַת כָּל־הַיְצוּרִים לְפָנֶיךָ יְיָ אֱלֹהֵינוּ וֵאלֹהֵי אֲבוֹתֵינוּ לְהוֹדוֹת לְהַלֵּל לְשַׁבֵּחַ לְפָאֵר לְרוֹמֵם לְהַדֵּר לְבָרֵךְ לְעַלֵּה וּלְקַלֵּס עַל כָּל־דִּבְרֵי שִׁירוֹת וְתִשְׁבְּחוֹת דָּוִד בֶּן־יִשַׁי עַבְדְּךָ מְשִׁיחֶךָ:

And in the assemblies of the multitudes of Thy people, the house of Israel, shall Thy Name be glorified in song, O our King, in every generation. For such is the duty of all creatures — before Thee, O Lord, our God, and God of our fathers, to thank, praise, laud, glorify, extol, reverence, bless, exalt and adore, above all the words of the songs and praises of David the son of Jesse, Thine anointed servant.

יִשְׁתַּבַּח שִׁמְךָ לָעַד מַלְכֵּנוּ הָאֵל הַמֶּלֶךְ הַגָּדוֹל וְהַקָּדוֹשׁ בַּשָּׁמַיִם וּבָאָרֶץ. כִּי לְךָ נָאֶה יְיָ אֱלֹהֵינוּ וֵאלֹהֵי אֲבוֹתֵינוּ שִׁיר וּשְׁבָחָה הַלֵּל וְזִמְרָה עֹז וּמֶמְשָׁלָה נֶצַח גְּדֻלָּה וּגְבוּרָה תְּהִלָּה וְתִפְאֶרֶת קְדֻשָּׁה וּמַלְכוּת בְּרָכוֹת וְהוֹדָאוֹת מֵעַתָּה וְעַד־עוֹלָם: בָּרוּךְ אַתָּה יְיָ אֵל מֶלֶךְ גָּדוֹל בַּתִּשְׁבָּחוֹת אֵל הַהוֹדָאוֹת אֲדוֹן הַנִּפְלָאוֹת הַבּוֹחֵר בְּשִׁירֵי זִמְרָה מֶלֶךְ אֵל חֵי הָעוֹלָמִים:

Be Thy Name praised for ever, O our King: God and King, great and hallowed in Heaven and on earth. For unto Thee are becoming, O Lord, our God, and God of our fathers, song and praise, adoration and psalmody, strength and dominion: victory, greatness, and might; praise and glory; holiness and sovereignty; blessings and thanksgiving, from henceforth and for ever.

Blessed art Thou, O Lord, God and King, great in praises, God of thanksgivings, Lord of wonders, who delightest in songs of praise, King and God, Life of all worlds!

Bless the fourth goblet:

מברכים על כוס רביעית:

בָּרוּךְ אַתָּה יְיָ אֱלֹהֵינוּ מֶלֶךְ הָעוֹלָם בּוֹרֵא פְּרִי הַגָּפֶן:

Blessed art Thou, O Lord, our God, King of the Universe, Creator of the fruit of the vine.

Drink leaning to the left and say the final blessing:

שותים בהסיבה לצד שמאל ומברכים ברכה אחרונה:

בָּרוּךְ אַתָּה יְיָ אֱלֹהֵינוּ מֶלֶךְ הָעוֹלָם עַל הַגֶּפֶן וְעַל פְּרִי הַגֶּפֶן וְעַל תְּנוּבַת הַשָּׂדֶה וְעַל אֶרֶץ חֶמְדָּה טוֹבָה וּרְחָבָה שֶׁרָצִיתָ וְהִנְחַלְתָּ לַאֲבוֹתֵינוּ לֶאֱכוֹל מִפִּרְיָהּ וְלִשְׂבּוֹעַ מִטּוּבָהּ. רַחֵם יְיָ אֱלֹהֵינוּ עַל יִשְׂרָאֵל עַמֶּךָ. וְעַל יְרוּשָׁלַיִם עִירֶךָ. וְעַל צִיּוֹן מִשְׁכַּן כְּבוֹדֶךָ. וְעַל מִזְבְּחֶךָ. וְעַל הֵיכָלֶךָ. וּבְנֵה יְרוּשָׁלַיִם עִיר הַקֹּדֶשׁ בִּמְהֵרָה בְיָמֵינוּ וְהַעֲלֵנוּ לְתוֹכָהּ. וְשַׂמְּחֵנוּ בָּהּ. וְנֹאכַל מִפִּרְיָהּ. וְנִשְׂבַּע מִטּוּבָהּ. וּנְבָרֶכְךָ עָלֶיהָ בִּקְדֻשָּׁה וּבְטָהֳרָה ורצה והחליצנו ביום השבת הזה וְשַׂמְּחֵנוּ בְּיוֹם חַג הַמַּצּוֹת הַזֶּה. כִּי אַתָּה יְיָ טוֹב וּמֵטִיב לַכֹּל. וְנוֹדֶה לְּךָ עַל הָאָרֶץ וְעַל פְּרִי הַגָּפֶן:

Blessed art Thou, O Lord, our God, King of the Universe, for the vine and for the fruit of the vine, and for the pleasant, goodly, and ample land which Thou didst please to give as an inheritance to our Fathers, to eat of its fruit and to be satisfied with its goodness. Have mercy, O Lord, our God, upon Israel Thy people and upon Jerusalem Thy city and upon Zion the abode of Thy glory and upon Thine altar and upon Thy shrine. Build Thou again Jerusalem the Holy City speedily in our days; bring us up into its midst and cause us to rejoice in its establishment, so that we may eat of its fruit and be satisfied with its goodness and bless Thee for it in holiness and purity: (Be pleased to strengthen us upon this Sabbath day,) and make us to rejoice upon this Feast of Unleavened Bread For Thou, O Lord, art good, and doest good to all: and we shall thank Thee for the Land and for the fruit of the Vine. Blessed art Thou, O Lord, for the Land and for the fruit of the Vine!

נרצה

ENVOI

חֲסַל סִדּוּר פֶּסַח כְּהִלְכָתוֹ. כְּכָל מִשְׁפָּטוֹ וְחֻקָּתוֹ:
כַּאֲשֶׁר זָכִינוּ לְסַדֵּר אוֹתוֹ. כֵּן נִזְכֶּה לַעֲשׂוֹתוֹ:
זָךְ שׁוֹכֵן מְעוֹנָה. קוֹמֵם קְהַל מִי מָנָה:
קָרֵב נַהֵל נִטְעֵי כַנָּה פְּדוּיִם לְצִיּוֹן בְּרִנָּה:

Accomplished is the order of the Passover according to its precept, to all its law and its custom.
Even as we have had the merit to order it, so may we have the merit to fulfil it.

Thou Pure One, who dwellest on high! Redress the congregation that is without number! Speedily lead Thou the offshoots of the stock Thou hast planted, redeemed, to Zion in song.

לַשָּׁנָה הַבָּאָה בִּירוּשָׁלָיִם הַבְּנוּיָה:

NEXT YEAR IN REBUILT JERUSALEM

וּבְכֵן וַיְהִי בַּחֲצִי הַלַּיְלָה:

AND IT HAPPENED AT THE MIDDLE OF THE NIGHT
(*Ex.* XII, 29)

אָז רֹב נִסִּים הִפְלֵאתָ בַּלַּיְלָה:
בְּרֹאשׁ אַשְׁמוּרוֹת זֶה הַלַּיְלָה:
גֵּר צֶדֶק נִצַּחְתּוֹ כְּנֶחֱלַק לוֹ לַיְלָה:
וַיְהִי בַּחֲצִי הַלַּיְלָה:

Of old, Thou didst perform most miracles at night, At the beginning of the watches of this night. The righteous proselyte prevailed when he broke up his host at night. (*Gen.* XIV, 15)
And it happened at the middle of the night.

דַּנְתָּ מֶלֶךְ גְּרָר בַּחֲלוֹם הַלַּיְלָה:
הִפְחַדְתָּ אֲרַמִּי בְּאֶמֶשׁ לַיְלָה:
וַיָּשַׂר יִשְׂרָאֵל לַמַּלְאָךְ וַיּוּכַל לוֹ לַיְלָה:
וַיְהִי בַּחֲצִי הַלַּיְלָה:

Thou didst judge the king of Gerar in a dream of night (*Gen.* XX, 3), The Syrian was struck with terror 'yesternight' (*Gen.* XXXI, 24), And Israel strove with God, and yet prevailed at night. (*Gen.* XXXII, 23-7)
And it happened at the middle of the night.

זֶרַע בְּכוֹרֵי פַתְרוֹס מָחַצְתָּ בַּחֲצִי הַלַּיְלָה:
חֵילָם לֹא מָצְאוּ בְּקוּמָם בַּלַּיְלָה:
טִיסַת נְגִיד חֲרֹשֶׁת סִלִּיתָ בְכוֹכְבֵי לַיְלָה:
וַיְהִי בַּחֲצִי הַלַּיְלָה:

The first-born seed of Pathros didst Thou crush in dead of night (*Ex.* XII, 29). Their substance they found not when they rose at night. The battalions of Harosheth's captain didst sweep away through the stars of night. (*Jud.* V, 20)
And it happened at the middle of the night.

יָעַץ מְחָרֵף לְנוֹפֵף אִוּוּי. הוֹבַשְׁתָּ פְגָרָיו בַּלַּיְלָה:
כָּרַע בֵּל וּמַצָּבוֹ בְּאִישׁוֹן לַיְלָה:
לְאִישׁ חֲמוּדוֹת נִגְלָה רָז חֲזוֹת לַיְלָה:
וַיְהִי בַּחֲצִי הַלַּיְלָה:

The impious thought to scatter My chosen. Thou didst shame his dead by night (*II Kings* XIX, 35). Bel and his pillar were prostrate at night (*Dan.* II, 34). The man of delight was told the key of mysteries of night. (*Dan.* II, 19)
And it happened at the middle of the night.

He who was drunken in the sacred vessels — he was slain that night, When he who had escaped the lions' den revealed the awesome dream of night (*Dan.* v, 30). The Agagite cherished hatred, and missives wrote at night. (*Est.* IV, 12)
And it happened at the middle of the night.

מִשְׁתַּכֵּר בִּכְלֵי קֹדֶשׁ נֶהֱרַג בּוֹ בַּלַּיְלָה:
נוֹשַׁע מִבּוֹר אֲרָיוֹת פּוֹתֵר בְּעִתּוּתֵי לַיְלָה:
שִׂנְאָה נָטַר אֲגָגִי וְכָתַב סְפָרִים בַּלַּיְלָה:
וַיְהִי בַּחֲצִי הַלַּיְלָה:

Thou didst arouse Thy victory on him, when sleep fled at night (*Est.* VI, 1). The wine-press Thou shalt tread for him who asks the watchman, What of night? (*Is.* LXIII, 3; XXI, 11) Like a watchman shall He answer, saying: 'Morning's come, and, too, the night.'
And it happened at the middle of the night.

עוֹרַרְתָּ נִצְחֲךָ עָלָיו בְּנֶדֶד שְׁנַת לַיְלָה:
פּוּרָה תִדְרוֹךְ לְשׁוֹמֵר מַה מִלַּיְלָה:
צָרַח כַּשּׁוֹמֵר וְשָׂח אָתָא בֹקֶר וְגַם לַיְלָה:
וַיְהִי בַּחֲצִי הַלַּיְלָה:

Bring near the day, which is not day nor night! All-High! Make known that Thine is day and Thine is night! Set guards about Thy city, all the day and all the night: Make Thou light as the day the dark of night!
And it happened at the middle of the night.

קָרֵב יוֹם אֲשֶׁר הוּא לֹא יוֹם וְלֹא לַיְלָה:
רָם הוֹדַע כִּי לְךָ יוֹם אַף לְךָ לַיְלָה:
שׁוֹמְרִים הַפְקֵד לְעִירְךָ כָּל הַיּוֹם וְכָל הַלַּיְלָה:
תָּאִיר כְּאוֹר יוֹם חֶשְׁכַת לַיְלָה:
וַיְהִי בַּחֲצִי הַלַּיְלָה:

וּבְכֵן וַאֲמַרְתֶּם זֶבַח פֶּסַח:

AND YE SHALL SAY, 'TIS THE OFFERING OF THE PASSOVER
(*Ex.* XII, 42)

The strength of Thy might was wondrously displayed on Passover: Above all feasts didst Thou raise up the Passover: To the Ezrahite Thou didst reveal the midnight marvels of the Passover. (*Ps.* LXXXIX, 1)
And ye shall say, 'Tis the offering of the Passover.

אֹמֶץ גְּבוּרוֹתֶיךָ הִפְלֵאתָ בַּפֶּסַח:
בְּרֹאשׁ כָּל מוֹעֲדוֹת נִשֵּׂאתָ פֶּסַח:
גִּלִּיתָ לְאֶזְרָחִי חֲצוֹת לֵיל פֶּסַח:
וַאֲמַרְתֶּם זֶבַח פֶּסַח:

Upon his doors didst knock at noontide heat on Passover: He feasted angels with unleavened cakes on Passover (*Gen.* XVIII): 'And to the herd he ran': so do we read the Lesson of the Ox on Passover.
(*Lev.* XXII, 26—XXIII, 44)
And ye shall say, 'Tis the offering of the Passover.

דְּלָתָיו דָּפַקְתָּ כְּחוֹם הַיּוֹם בַּפֶּסַח:
הִסְעִיד נוֹצְצִים עֻגוֹת מַצּוֹת בַּפֶּסַח:
וְאֶל הַבָּקָר רָץ זֵכֶר לְשׁוֹר עֵרֶךְ פֶּסַח:
וַאֲמַרְתֶּם זֶבַח פֶּסַח:

The furious Sodomites didst Thou consume in fire on Passover: Lot, saved from them, baked unleavened bread towards the end of Passover (*Gen.* XIX): Thou didst sweep clean the land of Moph and Noph when Thou didst near on Passover. And ye shall say, 'Tis the offering of the Passover.	פֶּסַח: פֶּסַח: בְּפֶסַח:	זֹעֲמוּ סְדוֹמִים וְלֹהֲטוּ בָּאֵשׁ חֻלַּץ לוֹט מֵהֶם וּמַצּוֹת אָפָה בְּקֵץ טֵאטֵאתָ אַדְמַת מוֹף וְנוֹף בְּעָבְרְךָ וַאֲמַרְתֶּם זֶבַח פֶּסַח:
Lord! Thou didst smite each first-born's head on Passover: Omnipotent! Thy first-born didst Thou spare on Passover: Not suffering a destroyer to pass my doors on Passover. (*Ex.* XII) And ye shall say, 'Tis the offering of the Passover.	פֶּסַח: פֶּסַח: בְּפֶסַח:	יָהּ רֹאשׁ כָּל אוֹן מָחַצְתָּ בְּלֵיל שִׁמּוּר כַּבִּיר עַל בֵּן בְּכוֹר פָּסַחְתָּ בְּדַם לְבִלְתִּי תֵּת מַשְׁחִית לָבֹא בִּפְתָחַי וַאֲמַרְתֶּם זֶבַח פֶּסַח:
Strong Jericho was straitly closed towards the time of Passover (*Josh.* VI): Midian was destroyed by a cake of barley, the offering of the Passover (*Jud.* VII): The mighty ones of Pul and Lud were burned up in a conflagration on the Passover. (*Is.* LXVI, 19) And ye shall say, 'Tis the offering of the Passover.	פֶּסַח: פֶּסַח: פֶּסַח:	מְסֻגֶּרֶת סֻגָּרָה בְּעִתּוֹתֵי נִשְׁמְדָה מִדְיָן בִּצְלִיל שְׂעוֹרֵי עֹמֶר שׂוֹרָפוּ מִשְׁמַנֵּי פּוּל וְלוּד בִּיקַד יְקוֹד וַאֲמַרְתֶּם זֶבַח פֶּסַח:
Destined was he to stay in Nob, until there came the time of Passover (*Is.* X, 32): A Hand wrote Babylon's fate upon the wall on Passover (*Dan.* V, 24): 'The watch is set: the table spread' — on Passover. (*Is.* XXI, 5) And ye shall say, 'Tis the offering of the Passover.	פֶּסַח: בְּפֶסַח: בְּפֶסַח:	עוֹד הַיּוֹם בְּנֹב לַעֲמוֹד עַד גָּעָה עוֹנַת פַּס יָד כָּתְבָה לְקַעֲקֵעַ צוּל צָפֹה הַצָּפִית עָרוֹךְ הַשֻּׁלְחָן וַאֲמַרְתֶּם זֶבַח פֶּסַח:
Hadassah gathered all, for three-fold fast on Passover (*Est.* IV, 16): Thou didst smite the chief of the evil house on Passover (*Est.* VII, 9): 'These twain' shalt Thou together bring for Edom on the Passover (*Is.* XLVII, 9): Thy hand shall be strong: Thy right arm uplifted as on the night of sanctification of the Passover. And ye shall say, 'Tis the offering of the Passover.	בְּפֶסַח: בְּפֶסַח: בְּפֶסַח: פֶּסַח: פֶּסַח:	קָהָל כִּנְּסָה הֲדַסָּה לְשַׁלֵּשׁ צוֹם רֹאשׁ מִבֵּית רָשָׁע מָחַצְתָּ בְּעֵץ חֲמִשִּׁים שְׁתֵּי אֵלֶּה רֶגַע תָּבִיא לְעוּצִית תָּעֹז יָדְךָ תָּרוּם יְמִינְךָ כְּלֵיל הִתְקַדֵּשׁ חַג פֶּסַח וַאֲמַרְתֶּם זֶבַח פֶּסַח:

כִּי לוֹ נָאֶה. כִּי לוֹ יָאֶה:

To Him is it becoming, to Him shall it become!

אַדִּיר בִּמְלוּכָה. בָּחוּר כַּהֲלָכָה. גְּדוּדָיו יֹאמְרוּ לוֹ.
לְךָ וּלְךָ. לְךָ כִּי לְךָ. לְךָ אַף לְךָ. לְךָ יְיָ הַמַּמְלָכָה:
כִּי לוֹ נָאֶה. כִּי לוֹ יָאֶה:

Mighty in kingship, Chosen of right!
To Him say His armies: 'To Thee, and to Thee, To Thee, yea, to Thee, To Thee, true, to Thee, To Thee, Lord, is the sovereignty:
To Him is it becoming, to Him shall it become!'

דָּגוּל בִּמְלוּכָה. הָדוּר כַּהֲלָכָה. וָתִיקָיו יֹאמְרוּ לוֹ.
לְךָ וּלְךָ. לְךָ כִּי לְךָ. לְךָ אַף לְךָ. לְךָ יְיָ הַמַּמְלָכָה:
כִּי לוֹ נָאֶה. כִּי לוֹ יָאֶה:

Foremost in kingship, Glorious of right!
To Him say His trusty: 'To Thee, and to Thee, To Thee, yea, to Thee, To Thee, true, to Thee, To Thee, Lord, is the sovereignty:
To Him is it becoming, to Him shall it become!'

זַכַּאי בִּמְלוּכָה. חָסִין כַּהֲלָכָה. טַפְסְרָיו יֹאמְרוּ לוֹ.
לְךָ וּלְךָ. לְךָ כִּי לְךָ. לְךָ אַף לְךָ. לְךָ יְיָ הַמַּמְלָכָה:
כִּי לוֹ נָאֶה. כִּי לוֹ יָאֶה:

All-pure in kingship, Powerful of right!
To Him say His courtiers: 'To Thee, and to Thee, To Thee, yea, to Thee, To Thee, true, to Thee, To Thee, Lord, is the sovereignty:
To Him is it becoming, to Him shall it become!'

יָחִיד בִּמְלוּכָה. כַּבִּיר כַּהֲלָכָה. לִמּוּדָיו יֹאמְרוּ לוֹ.
לְךָ וּלְךָ. לְךָ כִּי לְךָ. לְךָ אַף לְךָ. לְךָ יְיָ הַמַּמְלָכָה:
כִּי לוֹ נָאֶה. כִּי לוֹ יָאֶה:

Single in kingship, Mighty of right!
To Him say His wise ones: 'To Thee, and to Thee, To Thee, yea, to Thee, To Thee, true, to Thee, To Thee, Lord, is the sovereignty:
To Him is it becoming, to Him shall it become!'

מָרוֹם בִּמְלוּכָה. נוֹרָא כַּהֲלָכָה. סְבִיבָיו יֹאמְרוּ לוֹ.
לְךָ וּלְךָ. לְךָ כִּי לְךָ. לְךָ אַף לְךָ. לְךָ יְיָ הַמַּמְלָכָה:
כִּי לוֹ נָאֶה. כִּי לוֹ יָאֶה:

Exalted in kingship, Reveréd of right!
To Him say those around Him: 'To Thee, and to Thee, To Thee, yea, to Thee, To Thee, true, to Thee, To Thee, Lord, is the sovereignty:
To Him is it becoming, to Him shall it become!'

עָנָיו בִּמְלוּכָה. פּוֹדֶה כַּהֲלָכָה. צַדִּיקָיו יֹאמְרוּ לוֹ.
לְךָ וּלְךָ. לְךָ כִּי לְךָ. לְךָ אַף לְךָ. לְךָ יְיָ הַמַּמְלָכָה:
כִּי לוֹ נָאֶה. כִּי לוֹ יָאֶה:

Gentle in kingship, Redeeming of right!
To Him say His righteous: 'To Thee, and to Thee, To Thee, yea, to Thee, To Thee, true, to Thee, To Thee, Lord, is the sovereignty:
To Him is it becoming, to Him shall it become!'

קָדוֹשׁ בִּמְלוּכָה. רַחוּם כַּהֲלָכָה. שִׁנְאַנָּיו יֹאמְרוּ לוֹ.
לְךָ וּלְךָ. לְךָ כִּי לְךָ. לְךָ אַף לְךָ. לְךָ יְיָ הַמַּמְלָכָה:
כִּי לוֹ נָאֶה. כִּי לוֹ יָאֶה:

Holy in kingship, Merciful of right!
To Him say His myriads: 'To Thee, and to Thee, To Thee, yea, to Thee, To Thee, true, to Thee, To Thee, Lord, is the sovereignty:
To Him is it becoming, to Him shall it become!'

תַּקִּיף בִּמְלוּכָה. תּוֹמֵךְ כַּהֲלָכָה. תְּמִימָיו יֹאמְרוּ לוֹ.
לְךָ וּלְךָ. לְךָ כִּי לְךָ. לְךָ אַף לְךָ. לְךָ יְיָ הַמַּמְלָכָה:
כִּי לוֹ נָאֶה. כִּי לוֹ יָאֶה:

Excellent in kingship, Sustaining of right!
To Him say His perfect: 'To Thee, and to Thee, To Thee, yea, to Thee, To Thee, true, to Thee, To Thee, Lord, is the sovereignty:
To Him is it becoming, to Him shall it become!'

אַדִּיר הוּא. — Strong is He!

יִבְנֶה בֵיתוֹ בְּקָרוֹב.	May He build His temple speedily!
בִּמְהֵרָה. בִּמְהֵרָה. בְּיָמֵינוּ בְּקָרוֹב.	Rapidly, rapidly, In our days speedily!
אֵל בְּנֵה. אֵל בְּנֵה. בְּנֵה בֵיתְךָ בְּקָרוֹב:	God, O, build, God, O, build, Build Thy temple speedily!

בָּחוּר הוּא	לָמוּד הוּא	Choice is He,	Wise is He,
גָּדוֹל הוּא	מֶלֶךְ הוּא	Great is He,	King is He!
דָּגוּל הוּא	נָאוֹר הוּא	Foremost He!	Tremendous He,
הָדוּר הוּא	סַגִּיב הוּא	Glorious He,	Exalted He,
וָתִיק הוּא	עִזּוּז הוּא	Trusty He,	Powerful He!
זַכַּאי הוּא	פּוֹדֶה הוּא	Guileless He!	Redeeming He,
חָסִיד הוּא	צַדִּיק הוּא	Righteous He,	Good is He,
טָהוֹר הוּא	קָדוֹשׁ הוּא	Pure is He,	Holy He!
יָחִיד הוּא	רַחוּם הוּא	One is He!	Merciful He,
כַּבִּיר הוּא	שַׁדַּי הוּא	Mighty He,	Almighty He,

תַּקִּיף הוּא	Lord is He!
יִבְנֶה בֵיתוֹ בְּקָרוֹב.	May He build His temple speedily!
בִּמְהֵרָה. בִּמְהֵרָה. בְּיָמֵינוּ בְּקָרוֹב.	Rapidly, Rapidly, In our days speedily!
אֵל בְּנֵה. אֵל בְּנֵה. בְּנֵה בֵיתְךָ בְּקָרוֹב:	God, O, build, God, O, build, Build Thy temple speedily.

בחוץ-לארץ, בליל שני, נוהגים להתחיל בספירת העומר לפני אמירת "אחד מי יודע".

Outside the Land of Israel on the Second Seder Night it is the practice to begin counting the Omer before reciting "Who knows One?"

בָּרוּךְ אַתָּה יְיָ אֱלֹהֵינוּ מֶלֶךְ הָעוֹלָם אֲשֶׁר קִדְּשָׁנוּ בְּמִצְוֹתָיו
וְצִוָּנוּ עַל סְפִירַת הָעֹמֶר:

Blessed art Thou O Lord our God King of the Universe who hath hallowed us with His Commandments and enjoined us to count the Omer:

הַיּוֹם יוֹם אֶחָד לָעֹמֶר:

THIS DAY IS THE FIRST DAY OF THE OMER

יְהִי רָצוֹן מִלְּפָנֶיךָ יְיָ אֱלֹהֵינוּ וֵאלֹהֵי אֲבוֹתֵינוּ שֶׁיִּבָּנֶה בֵּית הַמִּקְדָּשׁ בִּמְהֵרָה
בְיָמֵינוּ וְתֵן חֶלְקֵנוּ בְּתוֹרָתֶךָ:

May it be Thy will O Lord our God and God of our Fathers that the Temple be built speedily in our days; and give our portion in Thy Torah.

Who knows one? One I know! One is our God in Heaven and on Earth	אֶחָד מִי יוֹדֵעַ. אֶחָד אֲנִי יוֹדֵעַ. אֶחָד אֱלֹהֵינוּ שֶׁבַּשָּׁמַיִם וּבָאָרֶץ:
Who knows Two? Two I know! Two are the Tables of Covenant: One is our God in Heaven and on Earth.	שְׁנַיִם מִי יוֹדֵעַ. שְׁנַיִם אֲנִי יוֹדֵעַ. שְׁנֵי לֻחוֹת הַבְּרִית. אֶחָד אֱלֹהֵינוּ שֶׁבַּשָּׁמַיִם וּבָאָרֶץ:
Who knows Three? Three I know! Three are the Fathers: Two are the Tables of Covenant: One is our God in Heaven and on Earth.	שְׁלֹשָׁה מִי יוֹדֵעַ. שְׁלֹשָׁה אֲנִי יוֹדֵעַ. שְׁלֹשָׁה אָבוֹת. שְׁנֵי לֻחוֹת הַבְּרִית. אֶחָד אֱלֹהֵינוּ שֶׁבַּשָּׁמַיִם וּבָאָרֶץ:
Who knows Four? Four I know! Four are the Mothers: Three are the Fathers: Two are the Tables of Covenant: One is our God in Heaven and on Earth.	אַרְבַּע מִי יוֹדֵעַ. אַרְבַּע אֲנִי יוֹדֵעַ. אַרְבַּע אִמָּהוֹת. שְׁלֹשָׁה אָבוֹת. שְׁנֵי לֻחוֹת הַבְּרִית. אֶחָד אֱלֹהֵינוּ שֶׁבַּשָּׁמַיִם וּבָאָרֶץ:
Who knows Five? Five I know! Five are the Books of the Torah: Four are the Mothers: Three are the Fathers: Two are the Tables of Covenant: One is our God in Heaven and on Earth.	חֲמִשָּׁה מִי יוֹדֵעַ. חֲמִשָּׁה אֲנִי יוֹדֵעַ. חֲמִשָּׁה חֻמְשֵׁי תוֹרָה. אַרְבַּע אִמָּהוֹת. שְׁלֹשָׁה אָבוֹת. שְׁנֵי לֻחוֹת הַבְּרִית. אֶחָד אֱלֹהֵינוּ שֶׁבַּשָּׁמַיִם וּבָאָרֶץ:
Who knows Six? Six I know! Six are the Orders of the Mishnah: Five are the Books of the Torah: Four are the Mothers: Three are the Fathers: Two the Tables of Covenant: One is our God in Heaven and on Earth.	שִׁשָּׁה מִי יוֹדֵעַ. שִׁשָּׁה אֲנִי יוֹדֵעַ. שִׁשָּׁה סִדְרֵי מִשְׁנָה. חֲמִשָּׁה חֻמְשֵׁי תוֹרָה. אַרְבַּע אִמָּהוֹת. שְׁלֹשָׁה אָבוֹת. שְׁנֵי לֻחוֹת הַבְּרִית. אֶחָד אֱלֹהֵינוּ שֶׁבַּשָּׁמַיִם וּבָאָרֶץ:
Who knows Seven? Seven I know! Seven are the days of the Week: Six are the Orders of the Mishnah: Five the Books of the Torah: Four are the Mothers: Three are the Fathers: Two the Tables of Covenant: One is our God in Heaven and on Earth.	שִׁבְעָה מִי יוֹדֵעַ. שִׁבְעָה אֲנִי יוֹדֵעַ. שִׁבְעָה יְמֵי שַׁבְּתָא. שִׁשָּׁה סִדְרֵי מִשְׁנָה. חֲמִשָּׁה חֻמְשֵׁי תוֹרָה. אַרְבַּע אִמָּהוֹת. שְׁלֹשָׁה אָבוֹת. שְׁנֵי לֻחוֹת הַבְּרִית. אֶחָד אֱלֹהֵינוּ שֶׁבַּשָּׁמַיִם וּבָאָרֶץ:
Who knows Eight? Eight I know! Eight are the days of the Covenant: Seven are the days of the Week: Six are the Orders of the Mishnah: Five the Books of the Torah: Four are the Mothers: Three are the Fathers: Two the Tables of Covenant: One is our God in Heaven and on Earth.	שְׁמוֹנָה מִי יוֹדֵעַ. שְׁמוֹנָה אֲנִי יוֹדֵעַ. שְׁמוֹנָה יְמֵי מִילָה. שִׁבְעָה יְמֵי שַׁבְּתָא. שִׁשָּׁה סִדְרֵי מִשְׁנָה. חֲמִשָּׁה חֻמְשֵׁי תוֹרָה. אַרְבַּע אִמָּהוֹת. שְׁלֹשָׁה אָבוֹת. שְׁנֵי לֻחוֹת הַבְּרִית. אֶחָד אֱלֹהֵינוּ שֶׁבַּשָּׁמַיִם וּבָאָרֶץ:

Who knows Nine? Nine I know!
Nine are the months of Carrying:
Eight are the days of the Covenant:
Seven are the days of the Week:
Six are the Orders of the Mishnah:
Five the Books of the Torah:
Four are the Mothers:
Three are the Fathers:
Two the Tables of Covenant:
One is our God in Heaven and on Earth.

Who knows Ten? Ten I know!
Ten are the Commandments:
Nine are the months of Carrying:
Eight are the days of the Covenant:
Seven, the days of the Week:
Six are the Orders of the Mishnah:
Five the Books of the Torah:
Four are the Mothers:
Three are the Fathers:
Two the Tables of Covenant:
One is our God in Heaven and on Earth.

Who knows Eleven? Eleven I know!
Eleven are the Stars:
Ten are the Commandments:
Nine are the months of Carrying:
Eight are the days of the Covenant:
Seven, the days of the Week:
Six are the Orders of the Mishnah:
Five the Books of the Torah:
Four are the Mothers:
Three are the Fathers:
Two the Tables of Covenant:
One is our God in Heaven and on Earth.

Who knows Twelve? Twelve I know!
Twelve are the Tribes:
Eleven are the Stars:
Ten are the Commandments:
Nine are the months of Carrying:
Eight are the days of the Covenant:
Seven are the days of the Week:
Six are the Orders of the Mishnah:
Five the Books of the Torah:
Four are the Mothers:
Three are the Fathers:
Two the Tables of Covenant:
One is our God in Heaven and on Earth.

Who knows Thirteen? Thirteen I know!
Thirteen are the Attributes of God:
Twelve are the Tribes:
Eleven are the Stars:
Ten are the Commandments:
Nine are the months of Carrying:
Eight are the days of the Covenant:
Seven are the days of the Week:
Six are the Orders of the Mishnah:
Five the Books of the Torah:
Four are the Mothers:
Three are the Fathers:
Two the Tables of Covenant:
One is our God in Heaven and on Earth.

תִּשְׁעָה מִי יוֹדֵעַ.

תִּשְׁעָה אֲנִי יוֹדֵעַ. תִּשְׁעָה יַרְחֵי לֵדָה. שְׁמוֹנָה יְמֵי מִילָה. שִׁבְעָה יְמֵי שַׁבְּתָא. שִׁשָּׁה סִדְרֵי מִשְׁנָה. חֲמִשָּׁה חֻמְשֵׁי תוֹרָה. אַרְבַּע אִמָּהוֹת. שְׁלֹשָׁה אָבוֹת. שְׁנֵי לֻחוֹת הַבְּרִית.
אֶחָד אֱלֹהֵינוּ שֶׁבַּשָּׁמַיִם וּבָאָרֶץ:

עֲשָׂרָה מִי יוֹדֵעַ.

עֲשָׂרָה אֲנִי יוֹדֵעַ. עֲשָׂרָה דִבְּרַיָּא. תִּשְׁעָה יַרְחֵי לֵדָה. שְׁמוֹנָה יְמֵי מִילָה. שִׁבְעָה יְמֵי שַׁבְּתָא. שִׁשָּׁה סִדְרֵי מִשְׁנָה. חֲמִשָּׁה חֻמְשֵׁי תוֹרָה. אַרְבַּע אִמָּהוֹת. שְׁלֹשָׁה אָבוֹת. שְׁנֵי לֻחוֹת הַבְּרִית.
אֶחָד אֱלֹהֵינוּ שֶׁבַּשָּׁמַיִם וּבָאָרֶץ:

אַחַד עָשָׂר מִי יוֹדֵעַ.

אַחַד עָשָׂר אֲנִי יוֹדֵעַ. אַחַד עָשָׂר כּוֹכְבַיָּא. עֲשָׂרָה דִבְּרַיָּא. תִּשְׁעָה יַרְחֵי לֵדָה. שְׁמוֹנָה יְמֵי מִילָה. שִׁבְעָה יְמֵי שַׁבְּתָא. שִׁשָּׁה סִדְרֵי מִשְׁנָה. חֲמִשָּׁה חֻמְשֵׁי תוֹרָה. אַרְבַּע אִמָּהוֹת. שְׁלֹשָׁה אָבוֹת. שְׁנֵי לֻחוֹת הַבְּרִית.
אֶחָד אֱלֹהֵינוּ שֶׁבַּשָּׁמַיִם וּבָאָרֶץ:

שְׁנֵים עָשָׂר מִי יוֹדֵעַ.

שְׁנֵים עָשָׂר אֲנִי יוֹדֵעַ. שְׁנֵים עָשָׂר שִׁבְטַיָּא. אַחַד עָשָׂר כּוֹכְבַיָּא. עֲשָׂרָה דִבְּרַיָּא. תִּשְׁעָה יַרְחֵי לֵדָה. שְׁמוֹנָה יְמֵי מִילָה. שִׁבְעָה יְמֵי שַׁבְּתָא. שִׁשָּׁה סִדְרֵי מִשְׁנָה. חֲמִשָּׁה חֻמְשֵׁי תוֹרָה. אַרְבַּע אִמָּהוֹת. שְׁלֹשָׁה אָבוֹת. שְׁנֵי לֻחוֹת הַבְּרִית.
אֶחָד אֱלֹהֵינוּ שֶׁבַּשָּׁמַיִם וּבָאָרֶץ:

שְׁלֹשָׁה עָשָׂר מִי יוֹדֵעַ.

שְׁלֹשָׁה עָשָׂר אֲנִי יוֹדֵעַ. שְׁלֹשָׁה עָשָׂר מִדַּיָּא. שְׁנֵים־עָשָׂר שִׁבְטַיָּא. אַחַד עָשָׂר כּוֹכְבַיָּא. עֲשָׂרָה דִבְּרַיָּא. תִּשְׁעָה יַרְחֵי לֵדָה. שְׁמוֹנָה יְמֵי מִילָה. שִׁבְעָה יְמֵי שַׁבְּתָא. שִׁשָּׁה סִדְרֵי מִשְׁנָה. חֲמִשָּׁה חֻמְשֵׁי תוֹרָה. אַרְבַּע אִמָּהוֹת. שְׁלֹשָׁה אָבוֹת. שְׁנֵי לֻחוֹת הַבְּרִית.
אֶחָד אֱלֹהֵינוּ שֶׁבַּשָּׁמַיִם וּבָאָרֶץ:

חַד גַּדְיָא חַד גַּדְיָא.

דִּזְבַן אַבָּא בִּתְרֵי זוּזֵי. חַד גַּדְיָא חַד גַּדְיָא:

וַאֲתָא שֻׁנְרָא. וְאָכַל לְגַדְיָא.
דִּזְבַן אַבָּא בִּתְרֵי זוּזֵי. חַד גַּדְיָא חַד גַּדְיָא:

וַאֲתָא כַלְבָּא. וְנָשַׁךְ לְשֻׁנְרָא. דְּאָכַל לְגַדְיָא.
דִּזְבַן אַבָּא בִּתְרֵי זוּזֵי. חַד גַּדְיָא חַד גַּדְיָא:

וַאֲתָא חוּטְרָא. וְהִכָּה לְכַלְבָּא. דְּנָשַׁךְ לְשֻׁנְרָא. דְּאָכַל לְגַדְיָא.
דִּזְבַן אַבָּא בִּתְרֵי זוּזֵי. חַד גַּדְיָא חַד גַּדְיָא:

וַאֲתָא נוּרָא. וְשָׂרַף לְחוּטְרָא. דְּהִכָּה לְכַלְבָּא. דְּנָשַׁךְ לְשֻׁנְרָא. דְּאָכַל לְגַדְיָא.
דִּזְבַן אַבָּא בִּתְרֵי זוּזֵי. חַד גַּדְיָא חַד גַּדְיָא:

וַאֲתָא מַיָּא. וְכָבָה לְנוּרָא. דְּשָׂרַף לְחוּטְרָא. דְּהִכָּה לְכַלְבָּא. דְּנָשַׁךְ לְשֻׁנְרָא.
דְּאָכַל לְגַדְיָא.
דִּזְבַן אַבָּא בִּתְרֵי זוּזֵי. חַד גַּדְיָא חַד גַּדְיָא:

וַאֲתָא תוֹרָא. וְשָׁתָא לְמַיָּא. דְּכָבָה לְנוּרָא. דְּשָׂרַף לְחוּטְרָא. דְּהִכָּה לְכַלְבָּא.
דְּנָשַׁךְ לְשֻׁנְרָא. דְּאָכַל לְגַדְיָא.
דִּזְבַן אַבָּא בִּתְרֵי זוּזֵי. חַד גַּדְיָא חַד גַּדְיָא:

וַאֲתָא הַשּׁוֹחֵט. וְשָׁחַט לְתוֹרָא. דְּשָׁתָא לְמַיָּא. דְּכָבָה לְנוּרָא. דְּשָׂרַף לְחוּטְרָא.
דְּהִכָּה לְכַלְבָּא. דְּנָשַׁךְ לְשֻׁנְרָא. דְּאָכַל לְגַדְיָא.
דִּזְבַן אַבָּא בִּתְרֵי זוּזֵי. חַד גַּדְיָא חַד גַּדְיָא:

וַאֲתָא מַלְאַךְ הַמָּוֶת. וְשָׁחַט לְשׁוֹחֵט. דְּשָׁחַט לְתוֹרָא. דְּשָׁתָא לְמַיָּא. דְּכָבָה לְנוּרָא. דְּשָׂרַף לְחוּטְרָא. דְּהִכָּה לְכַלְבָּא. דְּנָשַׁךְ לְשֻׁנְרָא. דְּאָכַל לְגַדְיָא.
דִּזְבַן אַבָּא בִּתְרֵי זוּזֵי. חַד גַּדְיָא חַד גַּדְיָא:

וַאֲתָא הַקָּדוֹשׁ בָּרוּךְ הוּא. וְשָׁחַט לְמַלְאַךְ הַמָּוֶת. דְּשָׁחַט לְשׁוֹחֵט. דְּשָׁחַט לְתוֹרָא. דְּשָׁתָא לְמַיָּא. דְּכָבָה לְנוּרָא. דְּשָׂרַף לְחוּטְרָא. דְּהִכָּה לְכַלְבָּא.
דְּנָשַׁךְ לְשֻׁנְרָא. דְּאָכַל לְגַדְיָא.
דִּזְבַן אַבָּא בִּתְרֵי זוּזֵי. חַד גַּדְיָא חַד גַּדְיָא:

נוהגים לסיים את ליל הסדר בקריאת
שיר השירים:

One only kid, One only kid,
That father bought for two zuzim, One only kid, One only kid.

Then came a cat and ate the kid
That father bought for two zuzim, One only kid, One only kid.

Then came a dog, and bit the cat, that ate the kid
That father bought for two zuzim, One only kid, One only kid.

Then came a stick, and beat the dog, that bit the cat
That ate the kid
That father bought for two zuzim, One only kid, One only kid.

Then came the fire, and burned the stick, that beat the dog
That bit the cat, that ate the kid
That father bought for two zuzim, One only kid, One only kid.

Then water came, and quenched the fire
That burned the stick, that beat the dog
That bit the cat, that ate the kid
That father bought for two zuzim, One only kid, One only kid.

Then came an ox, and drank the water
That quenched the fire, that burned the stick
That beat the dog, that bit the cat, that ate the kid
That father bought for two zuzim, One only kid, One only kid.

Then came the slaughterer
And slaughtered the ox, that drank the water
That quenched the fire, that burned the stick
That beat the dog, that bit the cat, that ate the kid
That father bought for two zuzim, One only kid, One only kid.

The came the Angel of Death
And slew the slaughterer, that slaughtered the ox
That drank the water, that quenched the fire
That burned the stick, that beat the dog
That bit the cat, that ate the kid
That father bought for two zuzim, One only kid, One only kid.

Then came the Holy One, Blessed be He,
And smote the Angel of Death, that slew the slaughterer
That slaughtered the ox, that drank the water
That quenched the fire, that burned the stick
That beat the dog, that bit the cat, that ate the kid
That father bought for two zuzim, One only kid, One only kid.

*It is the custom to close the Seder Night
by reading the Song of Songs.*

AN ARCHEOLOGICAL PASSOVER HAGGADAH

English Version by
PROF. CECIL ROTH
Edited by
DR. BENO ROTHENBERG
Introduction by
PROF. MICHAEL AVI-YONA

Adama Books, New York

Copyright © 1986 Adama Books
ISBN 0-915361-36-1
Adama Books, 306 West 38 Street,
New York, N.Y. 10018

Photographs: Bezalel Museum, Jerusalem; A. Bernheim; Dr. Beno Rothenberg; The International Publishing Co. Ltd.; Photo Audrian-Samivel, Paris ('Glory of Egypt'); Middle East Archives, Tel-Aviv; Museums of Leiden, Turin and Brussels.

Drawings: The International Publishing Co. Ltd.; Reconstruction of the Temple, by courtesy of Mrs. Ch. Avi-Yona; H. Hechtkopf; Middle East Archives, Tel-Aviv; Oriental Institute Chicago (Holscher); N. de Gavis-Davies, Ken Amun II; J. G. Wood, Biblical Animals; A. Lhote, La Peinture Egyptienne.

Maps: H. Hechtkopf

צלומים: המוזיאון הלאומי "בצלאל" ירושלים; א. ברנהים; ד"ר בנו רותנברג; החברה הבינלאומית להוצאה לאור בע"מ; Photo Audrian-Samivel, Paris ('Glory of Egypt'); Middle East Archives; מוזיאונים: ליידן, טורינו, בריסל

ציורים: החברה הבינלאומית להוצאה לאור בע"מ; שחזור בית המקדש באדיבות הגב' ח. אבי-יונה; ה. הכטקופף; Oriental Institute Chicago (Holscher); N. de Gavis-Davies, Ken Amun II; J. G. Wood, Biblical Animals; A. Lhote, La Peinture Egyptienne.

מפות: ה. הכטקופף

תודת העורך והמו"ל נתונה להנהלת ספריית מוזיאון הארץ, תל-אביב, על העזרה האדיבה שהושיטה להם.

Printed in Israel

המפה העתיקה מעשה ידי גר-הצדק אברהם בר יעקב, היא הראשונה בכרטוגרפיה העברית
נדפס בהגדה של פסח, אמשטרדם, 1695.